NGEN
SACHSEN
Ludwigsstadt
Schl
Hölle
Frankenwald
Birnbaum
Coburg
Kronach
enfels
Kulmbach
Pfannenstiel
TSCHECHIEN
Prügel
Fichtel-
gebirge
Wampen
Kümmel
Krötennest
Himmelkron
hen-
erlos
Bayreuth
Kotzendorf
Kamerun
Babilon
Oberpfälzer Wald
Tiefenstürmig
Wasserkraut
Straßenschacht
Steinamwasser
Forchheim
Weiden
Pfifferlingstiel
ngen
Hunger
Thomasgschieß
Mausgesees
Tabernackel
Sulzbach-
Rosenberg
Sitzambuch
Lauf
Ursula-
poppenricht
ürth
Wurmrausch
Amberg
Nürnberg
Naab
Gänsschnabl
Gibacht
Schwandorf
Blätterberg
Neumarkt
i.d.Opf.
Cham
Holland
Main-Donau-Kanal
Fränkische Alb
Regen
Viechtach
Fischbehälter
Bayerischer
Wald
Regensburg
Seppenhausen
Gäuboden
Kehlheim
Donau
Triftlfing
Deggendorf
Straubing
AYERN
Ingolstadt
Hallertau
Mausloch
Unsernherrn
umoos
Landau
a.d.Isar
Vils
Isar
Dingolfing
Schrobenhausen
Pumpernudl
Zwilling
Wunder
Landshut
Hirnkirchen
tzenhofen
Pfaffenhofen
Seemannshausen
Eggenfelden
Rott
Aichach
Schlipps
Freising
Amper
0
10
20
30
40
50 km
Heimat
Sixtnitgern

Jürgen Neumann
Johannes Prokopetz

SOCIETÄTSVERLAG

Umschlaggestaltung: Marc Bockholt, Gedankensprung Kommunikation,
www.gedankensprung.net
Satz: Nicole Proba, Societäts-Verlag
Zeichnungen der Straßenschilder: Manuel Tiranno
Druck- und Verarbeitung: Kessler Druck + Medien GmbH, Bobingen
Printed in Germany 2010

ISBN 978-3-7973-1235-8

Inhaltsverzeichnis

Der lange Weg von „Aha“ nach „Zwilling“ ...

Bierhütte, Katzenhirn, Mausgesees und Kotzendorf!

Wer in Bayern so viel unterwegs ist wie die BR-Redaktion „Wir in Bayern“, dem fällt irgendwann unweigerlich auf: Alle paar Kilometer gibt’s ordentlich was zum Schmunzeln! Oder zum Sich-Wundern, oder zum Spekulieren – auf jeden Fall zum Anhalten, Aussteigen und Nachfragen.

Grausensdorf, Babilon, Prügel und Hoswaschen!

Übrigens liegt man meist mit der ersten Vermutung, wie der betreffende Ort zu seinem lustigen Namen gekommen sein könnte, sauber daneben. Wer nachforscht, erfährt, dass oft eine ganz andere Bedeutung damit verbunden ist. Denn es funkt beispielsweise ein Name oder eine Bezeichnung aus dem Mittelalter dazwischen (wie bei „Ameisenbrücke“, „Frühling“ und „Wurmrausch“), oder der Name kommt aus dem Keltischen („Hölle“), Germanischen („Kümmel“) oder sogar von einem römischen Eigennamen wie vermutlich bei „Pups“.

Bieselbach, Motzenhofen, Busendorf und Kamerun!

Sprache ist ein Spiel, heißt es. Und die Menschen in Franken, Altbayern und Schwaben spielen zweifellos besonders gerne. Zum Beispiel hieß ein kleiner Ort in einem Tal in der Nähe von Bamberg vor langer Zeit „Kumela“ – vermutlich nach dem germanischen Wort für „Tal-Einschnitt“. Diese Bedeutung hatten die Einwohner aber im Lauf der Jahrhunderte vergessen. Also spielten sie mit dem Klang „Kumela“ so lange, bis ein Wort draus geworden war, das sie kannten: „Kümmel“. Auf diese Weise hat der Ortsname spielerisch wieder Sinn bekommen – auch wenn der in einem Ort, welcher mit Gewürzen rein gar nichts zu tun hat, vielleicht sogar eher Un-Sinn ist ...

Wartaweil, Ursulapoppenricht, Sulz und Spitzispui!

Ortsnamen beschäftigen die Menschen, die dort wohnen – vor allem, wenn es ungewöhnliche Namen sind. Drum wollten wir bei unseren Recherchen vor Ort immer auch die Einwohner kennen lernen. Wir wollten uns ihre Theorien über „ihren“ Ortsnamen anhören, von reinen Assoziationen bis zu komplizierten geschichtlichen Herleitungen. Und wir wollten erfahren, was für Erlebnisse die Menschen mit ihrem Ortsnamen verbinden: von „Bierdorf“, wo alle paar Wochen das Ortsschild geklaut wird, bis zu jener Reisegruppe aus „Hunger“, die auf der Autobahnraststätte einem ganzen Bus mit Leuten aus „Essen“ begegnete. Erst am Ende unserer Besuche haben wir jeweils einen Experten aus der Gegend befragt, einen Heimatforscher, Bürgermeister oder Gemeindearchivar. Der hat uns dann erzählt, was er zu „seinem“ Ort herausgefunden hatte.

Fratzendorf, Bethlehem, Köln und Ameisenbrücke!

Irgendwann wurde es natürlich Zeit, unsere Zuschauer den „Allerlustigsten“ wählen zu lassen. Nachdem Filmemacher Jürgen Neumann einhundert solche Ortsnamen gedreht und nachdem Birgitta Kaßeckert fast alle hundert als Redakteurin betreut hatte – nachdem Sabine Sauer und Michael Sporer sieben Jahre lang nachmittags im Bayerischen Fernsehen immer wieder unsere Zuschauer auf die Reise in diese Orte mitgenommen hatten – und nachdem unser Team unglaubliche 1500 „Wir in Bayern“-Sendungen gestemmt hatte, haben wir uns entschlossen, Bayern zur großen Abstimmung aufzurufen: „Bayerns lustigste Ortsnamen!“ standen zur Wahl. Und zwar nicht nur bei uns im Bayerischen Fernsehen, sondern auch auf Bayern 3 und in den Zeitungen „Passauer Neue Presse“ und „Fränkischer Tag“. Einen Monat dauerte die gesamte Abstimmung, die Johannes Prokopetz sich ausgedacht und gemeinsam mit Holger Dörner bayernweit angeschoben hatte. Die Sieger:

„Katzenhirn“, „Pumpernudl“ und auf Platz 1 – „Thomasgschieß“!

Herzleichen Glückwunsch!

Wolfgang Preuss
Leiter der Sendung „Wir in Bayern“
Bayerisches Fernsehen

Anekdoten von einhundert Reisen in Orte mit lustigen Namen …

Schon für die allerererste „Wir in Bayern"-Sendung im September 2003 besuchte Filmemacher Jürgen Neumann eine bayerische Gemeinde mit besonders lustigem Ortsnamen: „Unterhöslwang" im Chiemgau. „Ich hab' befürchtet, dass die Unterhöslwanger das gar nicht lustig finden, wenn sie wegen ihres Namens ins Fernsehen kommen", erinnert sich der Regisseur, „aber die Menschen dort waren sehr nett zu unserm Team – vielleicht auch, weil sie Spott gewohnt sind: Die Nachbargemeinden hängen den Unterhöslwangern nämlich gerne Unterwäsche ans Ortsschild!"

100 Mal war Jürgen Neumann bisher in Sachen „Bayerns lustigste Ortsnamen!" in allen sieben Regierungsbezirken unterwegs – 100 Mal wusste er bei der Abfahrt in München-Freimann nicht, was ihn und sein Team in den Ortschaften erwartet: „Eine klassische Vorrecherche mach' ich nicht. In den Orten weiß eigentlich auch niemand, dass wir kommen – wir fragen einfach die Menschen, die wir zum Beispiel in Hahnschenkel auf der Straße treffen, ob sie wissen, warum ‚Hahnschenkel' nun ‚Hahnschenkel' heißt. Von den Pupsern wollen wir erfahren, wie sich's in ‚Pups' so lebt. Und in ‚Pfifferlingstiel' interessiert uns natürlich, ob die Schwammerl dort besonders gut schmecken."

Wenn Jürgen Neumann seine Dienstreisen beim Bayerischen Fernsehen anmeldete, kam es oft zu kuriosen Missverständnissen: „Als ich nach München fahren wollte, hat man mir das fast nicht genehmigt – ‚um in der Innenstadt zu drehen, brauchst du doch keinen Antrag auszufüllen', haben mir die Kollegen gesagt. Bis ich erklärt habe, dass ich ins Dorf ‚München' bei Passau möchte – und nicht im Millionendorf ‚München' drehen will!" Kleine Orte, die den Namen berühmter Metropolen tragen, mag der Autor besonders gerne: „Es ist herrlich, wenn man nach ‚Wien' fährt – und dort statt dem Stephansdom nur eine winzige Kapelle steht. ‚Mein' Wien liegt nämlich bei Ruhpolding und hat nur drei Häuser!" Auf seinen bayernweiten „Weltreisen" war Jürgen Neumann auch schon in Babilon, Holland – und sogar Kamerun: „Kamerun liegt in der Nähe von Bayreuth, dort gibt's prima Pizza!"

Wenn Jürgen Neumann und sein Team im blauen BR-Bus in den kleinen Orten auftauchen, dann ist das oft der erste Besuch vom Fernsehen – und viele Menschen dort haben ihre ganz eigenen Vorstellungen, was beim Filmemachen wirklich zählt: „Als wir nach Handschuh im Bayerischen Wald kamen, war kein Mensch auf der einzigen Straße. Wir waren schon ganz verzweifelt, da sprang plötzlich ein Garagentor auf und ein Handschuher rief uns zu: ‚Öha, as Bayerische Fernsehen, wollt's a Bier?'"

Apropos Bier: „Als wir in Bierdorf am Ammersee das Ortsschild filmen wollten, stand nur ein leerer Rahmen an der Straße. Das Schild ‚Bierdorf' war wohl wieder mal von irgendwelchen Witzbolden abgeschraubt, geklaut und für den Partykeller zweckentfremdet worden." Als Jürgen Neumann und sein Team ihre Kamera schon wieder einpacken wollten, sprang ein Bauer aus dem ersten Haus und rief: „Da schau her, das Bayerische Fernsehen klaut also immer unsere Ortsschilder!" Doch das Missverständnis ließ sich aufklären, der Bierdorfer beruhigen, und am Ende gab's – natürlich – für alle ein Bier.

Und auch wenn das Filmteam schon einmal im fränkischen Ort „Hunger" war: Fürs leibliche Wohl des Teams wurde immer gesorgt. Vor allem natürlich in Orten, die nach gutem Essen klingen. „Wir haben schon in Brennschinken und Sulz gedreht, in Möhren und Ochsenschenkel", erzählt Jürgen Neumann. „Man muss nur aufpassen, dass man bei den guten bayerischen Wirtshäusern, wo wir zu Mittag essen, keine Wampen kriegt." Aber „Wampen" liegt ja eigentlich im Fichtelgebirge, und da war er auf seiner Suche nach „Bayerns lustigsten Ortsnamen!" natürlich auch schon ...

Im Fränkischen Seenland, bei Gunzenhausen im Altmühltal, findet sich einer der kürzesten Ortsnamen in ganz Bayern: „Aha"! Wobei die Ahaer ihren ohnehin schon kurzen Namen im Dialekt noch weiter abkürzen – Lina Kirchdörfer etwa sagt: „Im Volksmundgebrauch sind wir in ‚O'!" Und Friedrich Ortner macht es noch kürzer: „Ich bin vo O!" Emma Bach weiß auch, warum die Ahaer so kurzen Prozess machen: „Weil der Name so lang ist, drum sagen mir ‚O'." Und die „Ahaer" werden zu „Omern". Warum? Nichts Genaues weiß man nicht.

Eins ist immerhin sicher: Vor Jahrhunderten sind protestantische Glaubensflüchtlinge aus Österreich hierher gezogen, und noch viele Familiennamen im Ort klingen Österreichisch – aber ob das weiterhilft bei unserer Namensforschung?

Nicht unbedingt. Ein Radlfahrer, den wir im Ort antreffen, erklärt sich die Herkunft des merkwürdigen Ortsnamens jedenfalls folgendermaßen: „Dass vielleicht irgendjemand an Geistesblitz g'habt hat, und das war der Aha-Effekt!?" Nun ja. Doch die „Omer" selbst sind ähnlich ratlos. Lina Kirchdörfer etwa weiß auch nur Folgendes zu berichten: „Ja, manchmal sagen die Leut: ‚Aha? Was ist des?' Des ist halt ‚Aha'. So ist des eben." Aha!

Emma Bach, ebenfalls echte „Omerin", hat aber einen Tipp, der uns einen Schritt weiterbringen könnte: „Vom Wasser, von ‚Aquae' kummt des." Das sei Lateinisch, erklärt Walter Jungwirt und ist damit schon auf der richtigen Spur.

Wie das alles aber genau zusammenhängt, weiß nur Werner Mühlhäuser, Stadtarchivar von Gunzenhausen: „Der Ortsname Aha erscheint erstmals im Jahr 1208. Er leitet sich vom althochdeutschen Wort ‚Aha' bzw. dem mittelhochdeutschen ‚Ache' ab. Und das bedeutet: ‚Siedlung am Wasser' oder ‚Siedlung am fließenden Gewässer'. Und tatsächlich fließt in unmittelbarer Nähe zu Aha der Fluss Altmühl vorbei."

Drum also heißt Aha „Aha".

Aha ...

Es kribbelt, zappelt und krabbelt. Ameisen sind los! Bei Feuchtwangen an der Romantischen Straße in Mittelfranken führt ein echter „Weg zur Ameisenbrücke" hinein in den Weiler „Ameisenbrücke". Und gleich die erste Ameisenbrückerin, Katja Volland, stellt klar: „Wir haben sehr viele Ameisen hier. Egal, wo man hingeht, sind Ameisen!"

Ameisenalarm – und da fragen wir noch, woher der Name kommt? Scheint doch klar! Doch Irmgard Emmert ist zwar ebenfalls echte Ameisenbrückerin, aber für vorschnelle Lösungen nicht zu haben: „Seltsamer Name, woher mag der stammen?" Und Wilhelm Emmert ist sich der unsicheren Namensdeutung sicher: „Auf jeden Fall hat's nichts mit der Ameisen zu tun ..." Nichts mit Ameisen? Dann ist ja jeder Spekulation Tür und Tor geöffnet! Am Ende hat der Name nicht mal was mit der Brücke am alten Wasserwerk zu tun?

Inzwischen wuselt's immer mehr in Ameisenbrücke: Das ganze Dorf ist auf den Beinen, um uns bei der Lösung des Rätsels zu helfen. Heinz Schwarz sagt: „1401 ist des urkundlich erwähnt worden, als ‚Diemenfurt', aber recht viel mehr wissen mir da drüber dann a ned." Dabei weiß seine Kathi durchaus mehr: „Des ham s' g'sagt, des kommt von den ‚Diemen'. Der Diemen, des war der zehnte Teil, der immer abgegeben werden gemusst hat von den Ortschaften weiter draußen. Und zum Abgeben sind die hier durchg'fahren. Da hat des Diemenfurt g'heißen."

Nur wie die Diemenfurt zur Ameisenbrücke wurde und ob die Ameisen nun wirklich an der Ortsgründung beteiligt waren – der 2. Bürgermeister von Feuchtwangen, Herbert Lindörfer, hat sich in die Geschichte eingelesen. „Der Ort hieß im Mittelalter ‚Diemenhof' und war an der ‚Diethmannsfurt'. Im Laufe der Zeit wurde das sprachlich zu der ‚Emensfurt'. Und als man dann das Wort nicht mehr verstand, wurde es zur ‚Ärmesfurt' oder ‚Ärmesbrücke'. Und ‚Ärmes' ist bei uns im Dialekt ja die Ameise. So dass, als die bayerischen Landvermesser Anfang des 19. Jahrhunderts ihre Landvermessung durchführten, es dann eingedeutscht wurde zur ‚Ameisenbrücke'".

Na also. Fast hätten wir nicht mehr dran geglaubt, dass „Ameisenbrücke" tatsächlich ein wenig mit Ameisen zu tun hat – auch wenn die nur eingedeutscht sind und das offenbar auch nur durch ein Missverständnis ...

Biegt man an einer bestimmten Stelle im Allgäu links ab, kommt man in einen Ort, dessen Name aus vier Buchstaben besteht, einem „a“, einem „m“, einem „p“ und einem „o“. Zusammen ergibt das einen besonders zart klingenden bayerischen Ortsnamen. Denn der steht – und das ist den Bewohnern wichtig – mit dem, was „vier Buchstaben“ sonst so bedeuten mögen, in keinerlei Zusammenhang: „Ampo“.

Nicht Am-po, sondern in Ampo leben die Familien Mösle und Fischer, die Familie Graf und die Familie Schmid. Ampo ist ein Weiler mit drei Häusern, und bei dem ungewöhnlichen Namen werden die Bewohner natürlich oft gefoppt. Gell, Herrmann Mösle? „Des werd gern falsch rum betont: amPO. Und des hörn mir natürlich net so gern. Aber mir tun des dann natürlich schon richtig ‚ausdeutschen‘.“

Unglaublich, dass es bei dem Ort mit so wenig Buchstaben so viele sprachliche Missverständnisse gibt: „Wennscht irgendwo in der Fremde ankommst, musst nur den Namen sagen, dann luagen s’ a weng verdutzt: Ampo. Und wir müssen’s auch no buchstabiere, wo’s eigentlich so einfach zum Rausbringe ist.“

Man muss halt mit dem Namen umzugehen wissen, sagt Charlie Schmid: „Ich sag den Leuten immer: wichtig ist, dass man den Namen zsammenschreibt. Also nicht auseinandert, dann hieß das ja wirklich ‚am Po‘. Aber wenn man des zsammenschreibt, ein Wort, dann hört sich des wenigstens a bisserl besser an.“

Klar, keine Frage. Dennoch: Fallen den Leuten zu „Ampo“ tatsächlich pikante Deutungen ein? „Ja“, sagt Maria Graf, „zum Beispiel ‚Sind wir jetzt am Arsch der Welt?‘ So was hört man schon mal...“

Unmöglich! Drum wollen wir nun eindeutig klären, wie Ampo zu seinem Namen kam, dem zweideutigen. Wir fragen Experten. Und die Heimatforscher Eduard Haug und Moritz Heckler haben auch eine Lösung: „1152 wurde der Ort zum ersten Mal erwähnt: ein ‚Mampen‘. Aus ‚Mampen‘ wurde ‚Ampener‘, ‚Ambacher‘, ‚Ampen‘ und schließlich dieses ‚Ampo‘.“

Damit hat alle scherzfreudige Zweideutigkeit ein Ende. Ambach war vor Ampo! Einen Bach gibt’s hier noch immer. Der kann zwar mit dem großen Fluss in Oberitalien nicht mithalten. Dennoch und mit allem nötigen Ernst: Wir beantragen, die flache Landschaft um Ampo herum sollte umgetauft werden. In was?

Na, in „Allgäuer Po-Ebene“ natürlich ...

Der Ort „Antwort" bei Bad Endorf in Oberbayern ist Eingeweihten bekannt durch die Wallfahrt zur Ortskirche „Unserer lieben Frau im Tal". Ob den Bewohnern auf die Frage nach der Herkunft des Ortsnamens ein Licht aufgeht? Und zweite Frage: Ob man in der Chiemgauer Sommerfrische überhaupt so schnell auf Einheimische trifft, die uns ihren Ortsnamen erklären können?

Die erste Antwort ist, „nein, dazu kann i nix sagen, weil i bin a Hergroaste. Und da weiß i ned Bescheid, da müssen S' vielleicht einen Älteren fragen aus dem Dorf." Zweiter Versuch. Ein Radler, der kann nicht von allzu weit her kommen und weiß vielleicht was – aber: „Die Frage ist gut, verlangt eine Antwort, aber ich weiß sie nicht. Ich bin auf Durchreise und werde, glaub ich, mit der Frage diesen Ort wieder verlassen."

„Zuagroaste" und „Durchgroaste". Aber tatsächlich: Die Älteren aus dem Dorf, die könnten die Antwort wissen. Und so sagt uns eine Frau auf der Bank vor der Kirche: „Man sagt, des heißt ‚an der Furt', weil's früher hier durch einen Bach durchg'fahren sind, weil's keine Brücke gab. Und dann ‚Ant-furti' – ‚Antwurt' ..." Klingt plausibel, klingt, als sei Namensforschung hier im Ort ganz alltäglich, da kommt ein Bauer auf seinem Traktor – und was sagt der? „Die erste Urkunde von 924 heißt ‚an der Furth'. Und dann ‚Ant-wurti' – und ‚Antwort'."

Gleich die ersten beiden Antworter haben die gleiche Theorie! Und die anderen 463 Einwohner? Die sagen zum Beispiel: „Also wenn die Leut fragen, wo kommt ‚Antwort' her, dann sagen mir allerweil, von ‚man gibt Antwort', also von der Redeweise." Eine zweite Theorie! Interessant, und da sind Sie sicher? „Na ja, i bin auch hierherg'heiratet, und wegen dem weiß i des auch ned so genau."

Jetzt muss ein exakter Antworter her. Hans Doll, Hauptmann der Gebirgsschützenkompanie Endorf! Und der sagt ein für alle Mal: „Das Mühlendorf Antwort ist 924 in einer Salzburger Urkunde das erste Mal urkundlich erwähnt. Und zwar als ‚Antwurti'. Das heißt also ‚an der Furt'. Früher ist der Simssee bis zum Ortsrand von Antwort gereicht, und da ist hier eben eine Furt drübergegangen und deswegen ‚an der Furt'."

Na also: An der Furt über die Ache ein Ort – wird irgendwann zu „Antwort". Man muss sie nur fragen, die Antworter ...

Im Landkreis Tirschenreuth in der nördlichen Oberpfalz liegt auf einer Hochebene ein Ort von biblischer Dimension: Babilon. Drei Häuser und ein Schulhaus. Hier wohnen sie, die 13 babilonischen Oberpfälzer. Ein Name, der den Markus Bayerl überallhin verfolgt. „Der Babilonier, ja genau so bin ich immer in der Schule genannt worden: ‚Ah, der Babilonier wieder!'..."

Babilon in der Oberpfalz. Wir machen uns auf die Suche nach den „Hängenden Gärten von Babylon", einem der antiken Weltwunder. Oder wenn die nicht, ist vielleicht wenigstens ein kleiner Turm zu bestaunen, Hans Bayer? Leider: „An Turm hommer ned, einen babilonischen, den müssten mir erst noch bauen."

Keinen Turm, aber ein Schulhaus bauten die Oberpfälzer. Von 1854 bis 1966 war für viele kleine Babilonier auf ihrer schönen Hochebene das die Schule. Der letzte Lehrer in Babilon war Volker Brandl: „Oft haben mich die Kollegen spöttisch als Hochschullehrer bezeichnet, weil das eines der höchstgelegenen Schulhäuser im Landkreis war." Und die Bayer Monika sagt: „Ich bin acht Jahre in Babilon in die Schule gegangen. Da haben wir's nicht weit gehabt, das war schon schön."

Inzwischen wächst in Babilon schon eine neue Generation heran, die zwar anderswo die Schulbank drücken wird, doch auch diese Babilonier sorgen bereits in Windeln für Aufsehen, gell Anita Bayer: „Der Name fällt schon überall auf. Selbst bei der Geburt der Kinder wird im Kreißsaal über den Namen ‚Babilon' diskutiert."

Wahrscheinlich sollte man schon bibelfest sein in Babilon – wie Hans Busch: „Des wird schon ein biblischer Name sein, des Babilon. Erst hat man des ja mit Ypsilon geschrieben, aber wie der Ami kumma is, seit dera Zeit schreibt man's mit einfachem ‚i'. Weil der Ami gesagt hat, man schreibt ja schon ‚Baby' mit ‚y', und um Baby geht's ja bei dem Namen nicht."

Das war ja zu befürchten, dass wir hier über kurz oder lang in einer babilonischen Sprachverwirrung landen. Jetzt muss noch mal der Lehrer Volker Brandl vortreten, denn er weiß es natürlich ganz genau, wie Babilon in die Oberpfalz kam: „Möglich ist, dass da mal ein ‚Pavillon' gestanden ist, also eine Jagdhütte, und aus ‚Pavillon' hat sich dann in der hiesigen Sprache der Name weiterentwickelt."

Von der Jagd kommt's also, das Babilon. Pavillon – Babilon. Wir sind uns an dieser Stelle nicht ganz sicher, ob nicht doch im alten Mesopotamien ein paar Oberpfälzer unterwegs waren ...

In ganz Bayern gibt's genau vier Bauernhöfe. In ganz Bayern? Ja!

Denn viel größer ist er nun mal nicht, dieser kleine Ort im Chiemgau zwischen Grassau und Siegsdorf. Trotzdem gibt's in „Bayern“ alles, was typisch ist für Bayern: Hausmusik, alte Höfe, selbstgebrannten Schnaps, Milchvieh – und weit und breit keine Preiß'n, denn die Feriengäste Gudrun und Jürgen Götz sind Württemberger: „Wenn mir sagen, wir fahren in Urlaub nach Bayern, sagen die Leut immer: wohin in Bayern? Also da gibt's schon Schwierigkeiten ...“

Bayern in Bayern. Da kann man schon mal die Orientierung verlieren. Selbst die Einwohner von Bayern wie der Schmid Franz stoßen da manchmal auf Verständnisprobleme: „Wenn so irgendwo einer di fragt, wo kimmst her: dann sog i ‚vo Bayern‘ und der ander sagt ‚ich a‘ – dann sog i ‚na du ned, weil i kenn alle in Bayern!‘ Aha – dann san die andern halt oft verwundert.“

Die Verwechslung mit dem Land Bayern verfolgt die etwa 30 Bewohner des Weilers Bayern ihr ganzes Leben lang. Sogar die Namen der paar Höfe hier, sagt Lorenz Aschl, waren früher alles bayerische Namen: „Ja, es hat früher geheißen ‚beim Hinterbayer‘, ‚beim Mitterbayer‘ und ‚beim Vorderbayer‘.“ Ein ganz schönes Durcheinander. Mit „Wohnort Bayern“ lebte man früher auch als kleiner Bayer nicht ganz ungefährlich. Georg Gehmacher, der Mitterbayer, erinnert sich: „Wenn ich an Erlebnis erzähln darf, von meiner Schulzeit: Da ham mir an Preiß'n als Lehrer kriagt, und der hat jeden g'fragt, wie der Wohnort heißt. Dann hab ich g'sagt ‚vo Bayern‘. Dann had der g'sagt: ‚Du Dämlack, Bayern ist groß.‘ Und ich hab glei a paar Ohrfeigen gekriegt. Na so war's halt.“

Leider klären selbst Ohrfeigen nicht die Frage nach der Herkunft des Ortsnamens, drum fragen wir noch mal Franz und Regina Schmidt: „Also d' Schwiegereltern haben erzählt, das Bistum Salzburg ist da zu Ende g'wesen. Und ab da war Bayern“.

Bistum Salzburg? Österreicher? Was die mit Bayern zu tun haben, weiß Bürgermeister Hans Pertl: „Der Ortsname entstand 1280 im Zusammenhang mit Karl von Hohenstein, der damals zu Kreuzzügen aufbrach und das Gut Bayern, damals noch Gut ‚Buren‘ genannt, an das Kloster Raitenhaslach übergab.“

Da sind wir sprachlos. Ein Österreicher verschenkte Bayern an uns Bayern?

Also, davon wollen wir ehrlich gesagt gar nix wissen ...

Lengenwang im Ostallgäu. Hier gibt es einen Ortsteil, der eigentlich woanders hinzugehören scheint, geografisch eher an den Jordan, und zeitlich entweder in die Zeit um Christi Geburt, oder halt jedes Jahr – in die Weihnachtszeit: Bethlehem.

Etwa 30 Bethlehemer wohnen hier, und die kennen jede Menge Geschichten über ihr bayerisches Bethlehem. Auch Ludwig Lutz. „Zum Teil haben welche von der Gegend hier schon mal Wetten abg'schlossen über 50 Liter Bier oder so. Weil die haben g'sagt, ‚wir waren grad in Bethlehem'! Und irgendwelche anderen, vom Rheinland zum Beispiel, haben g'sagt, ‚in Bethlehem, das gibt's ja ned'! Und dann haben die Hiesigen natürlich Bilder vorgezeigt und haben g'sagt, ‚da! Schaut's doch her. Wir waren in Bethlehem!'"

Als Erstes haben wir uns natürlich auf die Suche nach einem Stall gemacht. Und haben Hütten und Garagen gefunden und ausgebuchte Herbergen, aber beim besten Willen keinen Stall. Gibt es denn überhaupt, fragen wir im Dorf herum, einen Stall hier? „Wir haben nur einen Stall, bei mir in der Nachbarschaft. Mit drei Haflingern. Das ist der einzige Stall in Bethlehem."

Im Stall treffen wir Frau Schmeiser, und die erinnert sich gerne an eine ganz besondere Weihnacht zu Bethlehem: „Wir haben im ersten Jahr, als das Haus noch nicht ganz fertig war, eine Art ‚Stall von Bethlehem' draus gemacht und alles schön beleuchtet. Und da hatten wir in der Christnacht eben Maria und Josef bei uns."

Maria und Josef auf Stippvisite im bayerischen Bethlehem. Und weil Josef ja bekanntlich Zimmermann war, besuchen wir seinen Berufskollegen Martin Adomat. Wird er oft angesprochen auf die Heilige Familie? „Also das mit der Krippe höre ich natürlich oft. Klar, dadurch dass wir hier einen Schreinerladen haben und dann in einem Ort mit dem Namen ‚Bethlehem' ..."

Aber wie kam Bethlehem ins Ostallgäu, weiß der Zimmermann auch darauf eine Antwort? „Also das hat mit dem Heiligen Land oder mit Bethlehem relativ wenig zu tun. Dieser Ortsteil von Lengenwang hier an der Landstraß', das war so ein kleiner Fleck mit eher ärmeren Leuten. So dass die großen Bauern und die im eigentlichen Dorf g'sagt haben ‚die Bettelheimer da draußen'."

Vom ‚Heim der Bettelleute' kommt's, das „Bethlehem", nicht von der Christnacht. Obwohl – arme Leute, die bei den Reicheren abgewiesen werden: So weit weg von der Weihnachtsgeschichte ist die Bettelleute-Geschichte nun auch nicht.

Die große berühmte Bier-Hochburg liegt gleich östlich vom Ammersee: Andechs. Das kleine, nur wenigen bekannte Bier-Dorf, das liegt genau auf der anderen Seite vom Ammersee, und heißt: „Bierdorf". Ein schönes Hinweisschild weist uns den Weg. Vielleicht, damit die vielen Preiß'n auch ja herfinden, die sich hier am Ammersee ansiedeln wollen.

Sechs Landwirte gibt es noch im bayerischen Bierdorf. Na, da wird das Bier aber in Strömen fließen, denken wir uns und suchen gleich das Wirtshaus. Aber auf die Frage nach der Schenke haben die Bierdorfer nur ernüchternde Antworten. Der Reitinger Ewald sagt: „Es gibt koa Wirtshaus und gar nix." Dann kommt der Joachim Michl und sagt: „Mir brauchen kein Wirtshaus, mir san ja bloß fünf Häuser." Und der Johann Vetterl sagt: „Wir san relativ gastfreundlich, da ist jedes Haus irgendwo a Wirtschaft."

Sauber! Jedes Haus eine Kneipe, davon träumt man in der Großstadt. Bierdorf wäre demnach das Dorf mit den meisten Wirtschaften pro Kopf! Doch statistisch liegt der Bierkonsum hier auch nicht höher als anderswo. Drum ist der Kopf bei den Bierdorfern klar, und wir können den Andreas Michl fragen: Wenn die Bierdorfer alle so maßvoll sind, wo kommt der Name denn dann her? Aus der Vergangenheit, vermutet der Andreas, „vielleicht ham die früher viel getrunken, viel mehr wie heut."

Ein Name also, der in lange vergangenen und längst drüben im Kloster gebeichteten Ausschweifungen wurzelt? Jetzt wird es so spannend, dass wir gleich zwei Experten befragen: Johann Vetterl, der ist nämlich zugleich auch Gemeinderat, und Herbert Kirsch, Bürgermeister von Dießen. Und die sagen: „Nachdem man ja gleich im Rücken von uns Andechs sieht, meinen viele, der Name hat mit ‚Bier' zu tun. Hat er aber überhaupt nicht. Von der Heimatforschung her weiß man: Ursprünglich hieß das ‚Birndorf'. Und das ist auch verständlich, weil hier gibt's in der Nähe auch Apfeldorf und Pflaumendorf."

Aha ... Nicht vom Bier, sondern von den Birnen stammt's, das Bierdorf am Ammersee. Birnbäume gibt's noch heute zu Genüge rund um den Ort. Aber etwas anderes ist den Birndorfern abhanden gekommen während unseres Besuchs: Das schöne Hinweisschild „Bierdorf". Hat jemand geklaut.

Aber Hand aufs Herz – wir waren's nicht!!!

Im Bayerischen Wald, in der Nationalpark-Gemeinde Hohenau im Landkreis Freyung-Grafenau, liegt das Mekka für alle Fans des bayerischen National-Getränks: „Bierhütte"!

Unterm Maibaum trifft unser Reporter auch schon die ersten Bierhüttner – beim Bier natürlich: „A Bier wird schon getrunken bei uns, da gibt's nix", sagt Ludwig Hackl, „da wird schon a weng was wegzutzelt." Und auch die Bierhüttner Geistlichkeit ist dem Gerstensaft zugetan. Pater Godehard Fuchs: „Natürlich trink' ich auch ganz gern mal ein Bier, vor allen Dingen Weizen – wobei ich aber auch dem Wein nicht abhold bin." Doch Erna Hackl stellt klar: „So als B'soffener rennt aber selten einer rum bei uns!" So, das wäre geklärt.

Was aber ganz und gar nicht geklärt ist: Wo kommt er eigentlich her, der lustige Ortsname? Matthäus Fuchs hat eine Vermutung: „Des kommt von der Brauerei! Wie die gegründet worden ist, hat's zuerst ‚Hütte' geheißen, weil's eine Glasfabrik gewesen ist, und die heißen ja ‚Hütte'." Gerlinde Nußhardt erzählt die Geschichte weiter: „Und diese Glashütte hat dann anscheinend eine Brauerei aufgekauft, und die haben dann da Bier gebraut."

Aha – zuerst Glas, dann Bier! Macht ja auch Sinn: Woraus sollt man das Bier trinken, wenn nicht aus Gläsern, Krügen oder Flaschen? Die ortsnamengebende Brauerei ist zwar heute ein Hotel, doch Peter Norbert Schulz, der Hotelier, erlebt noch immer Verwechslungen: „Es kommen hin und wieder Wanderer vorbei, die in der Karte den Namen ‚Bierhütte' gelesen haben. Die stellen sich natürlich eine echte ‚Bierhütte' vor – und sind dann ganz erstaunt, wenn da ein Drei-Sterne-Hotel mit einem Restaurant steht."

Aber auch da kann man ja gemütlich sein Bierchen trinken: Prost, Bierhütte!

Es gibt Worte, die darf man normalerweise nicht in den Mund nehmen – und wenn, dann hinter vorgehaltener Hand. Weil sie schon vom Klang her sozusagen unter die Gürtellinie gehen. Insofern sind die Bewohner des Ortsteils von Horgau im Landkreis Augsburg glückliche Menschen: Sie können so oft „bieseln" sagen, wie sie möchten – schließlich leben sie in Bieselbach. Bieselbach? „Ja", erfahren wir, kaum in Bieselbach angekommen, „da lachen alle Fremden a bisserl komisch und sagen: ‚Ah – Bieselbach, des Biesel mit i-e'!"

Genau: Bieseln mit i-e. Aber bevor wir uns gleich eingehender damit beschäftigen, wie Bieselbach – mit i-e – zu seinem Namen kam, wollen wir dem Leser ein künstlerisches Kleinod ans Herz legen, das hier zu besichtigen ist: den „Bieselbacher Altar" von Daniel Mauch aus dem Jahr 1510. Meisterlich geschnitzt: die Heilige Familie. Aber was glaubt eine leibhaftige Bieselbacher Familie, warum Bieselbach „Bieselbach" heißt? Centa und Martin Leichtle: „Schon der Großvater hat immer g'sagt, dass des vielleicht mit ‚übern Bach' was zu tun hat, mit einer Wette, oder irgendwas – aber mehr wissen wir da auch ned vom Großvater."

Eine Wette? Übern Bach? Schaun wir doch mal zu den Arbeitern, die gerade heute zufällig am Bieselbacher Bach beschäftigt sind. Also, Martin Kleinheinz: Was wissen Sie? „Bieselbach, des hat früher anders g'heißen, des hat irgendwie ‚Brunz' g'heißen, und dann hat sich des verändert auf Bieselbach." Irgendwie kommen wir vom Wasserlassen nicht weg! Und auch Martins Kollege Gottfried Unmann zielt in die gleiche Richtung: „Früher ham's mal ein Ding g'macht da: Da ham einige über den Bach bieselt, und dann hat einer ned drüber getroffen. Und deswegen heißt's ‚Bieselbach'." Na, hoffentlich trifft Bürgermeister Thomas Hafner mit seiner Erklärung, wie Bieselbach zu seinem Namen kam, ins Schwarze: „Zwischen 1126 und 1179 tauchen verschiedene Urkunden im Kloster Sankt Ulrich und Afra in Augsburg auf, in denen wird immer wieder ein Markgraf ‚de Puzielenbach' erwähnt. Das hat sich abgewandelt, und so ist der Name ‚Bieselbach' entstanden. Der hat also keinen Bezug zu irgendeiner Tätigkeit oder Verrichtung, die man dahinter vermuten könnte."

Ach so, schade. Das mit der Wette und dem Bach hat uns als Erklärung nämlich irgendwie besser gefallen. Und deshalb wollen wir jetzt einfach noch mal das schöne Wort sagen, ganz offen und frei heraus: „bieseln" – mit „i-e" ...!

Weder bei „Herrn von Ribbeck auf Ribbeck im Havelland“ noch „drunt’ in der grünen Au“, sondern im Landkreis Deggendorf bei Hengersberg steht oder besser: liegt er – der Ort Birnbaum! In der Ortsmitte steht zwar eine uralte Linde, und groß ist Birnbaum auch nicht gerade: nur vier Häuser bilden sozusagen das Blattwerk der kleinen Ansiedlung. Aber immerhin trägt sie einen der lustigsten Ortsnamen in ganz Bayern! Wobei das Deggendorf’sche Birnbaum nicht allein ist: Noch sechs weitere Dörfer gleichen Namens finden sich im „Amtlichen Ortsverzeichnis für Bayern“ – unter anderem in den Landkreisen Ostallgäu, Altötting und Kronach.

Aber jeder Birnbaum-Ort ist natürlich einzigartig. „Unser“ Birnbaum hat zum Beispiel einen großen Pferdehof. Der gehört der Familie Zitzelsberger. Die Kagerbauers nebenan sind mit ihnen verwandt – wir fragen sie, ob man oft auf den Namen Birnbaum angesprochen wird: „Ja, schon. Ich sag’ dann halt immer: ‚Birnbaum ist in der Nähe vom Kerschbaum‘ – denn Kerschbaum ist ein Ort in der Nähe, und das ist eigentlich immer ganz lustig.“

Zum Wiehern sozusagen – obwohl Pferde ja eher Äpfel produzieren. Wir aber wollen wissen, was es mit diesem „Birnbaum“ auf sich hat. Also, woher kommt der Ortsname? „Wahrscheinlich daher, dass früher so viele Birnbäume dagestanden sind“, vermutet Sabine Zitzelsberger, und ihre Schwiegermutter ergänzt: „Früher hat’s halt die ‚Haferbirnen‘ gegeben. Die hat man in den Backofen hinein, und dann hat man Kletzen gehabt im Winter. Aber die sind mittlerweile allesamt verschwunden.“ Wie fast alle Birnbäume in Birnbaum.

Aber halt: am Ortsrand entdecken wir dann doch noch einen! Und die Erklärung, wie der Ort zu seinem lustigen Namen kam, liefert Kreisheimatpfleger Georg Loibl: „Die erste urkundliche Erwähnung war 1488. Zu der Zeit war es nur ein einziger, großer Hof, der gehörte zum Kloster Niederaltaich. Das Kloster war damals dafür bekannt, dass es in seiner Region den Obstbau förderte.“

Und so nannte man den Hof – und später den ganzen Ort – kurzerhand „Birnbaum“. Trotz Pferdeäpfeln und Dorflinde.

Der Name klingt, als gäbe es diesen Ort nur einmal im Jahr, im Herbst: „Blätterberg“. Gleich nach Furth im Wald geht's hinauf in den – na ja, ‚Ort‘ ist Blätterberg eigentlich kein richtiger, eher ein paar vereinzelte Höfe. In einem davon wohnt der Utz Franz, mit dem fangen wir an. Können Sie uns weiterhelfen, was die Herkunft dieses Ortsnamens angeht? „Also, ich hab' da, wart amal, einen alten Plan, den bring ich jetzt mal her ...“ Na gut. Ein alter Plan ist besser als gar kein Plan. Franz Utz sammelt allerhand Zeugs. Und vielleicht hilft uns sein Plan ja weiter: „Sigstas, des san mir. Da is' Oberblätterberg und da Unterblätterberg und daraus ham's eins g'macht.“

Ach so, aus Ober- und Unterblätterberg wurde irgendwann Blätterberg. Na ja. Und woher der Ortsname kommt, liegt ja eigentlich auf der Hand, oder? Doch die Jugend des Ortes, Birgit, Jörg und Frisco, geht anderen Theorien nach: „Im Bayerischen sagt man ja ned ‚Blätterberg‘, sondern mir sogn ‚Blederberg‘. Und da san mir immer drauf angesprochen worden: ob da die Blöden san ...“

Blederberg als Berg der Blöden? Das scheint uns keine besonders schlaue Interpretation zu sein. Aber mit Berg hat der Name sicher was zu tun. Denn Berge gibt's reichlich im Bayerischen Wald, das weiß auch Adolf Schuhmann: „Berge gibt's genug hier. Aber wo der Name herkommt, weiß ich ned.“

Wir schauen ein Häuserl weiter, zum Reiterhof der Familie Mühlbauer. Also, Ingrid Mühlbauer? „Ich weiß des a ned, wo der Ortsname Blätterberg herkommt. Ich denk' halt von der Landschaft. Mir haben da einen Hausberg, vorm Haus da, und viel Laubbäume ...“

Hausberg plus Laub? Plausibel, aber vielleicht doch zu einfach. Einer, der für uns in der Chronik nachgeschaut hat, ist der Heimatforscher aus Furth im Wald, Werner Perlinger: „Der Name kommt sicher nicht vom Laub, da würden wir ‚Lauber‘ sagen, oder ‚Bladdlwald‘. Sondern vom ‚Plätten‘, das heißt so viel wie ‚Schlagen‘. Es dürfte hier – wahrscheinlich in der Rodungsphase – der Holzeinschlag gewesen sein. Und da kommt der Name Blätterberg her.“

Wir sind geplättet. Nicht vom Laub, sondern vom Holzeinschlag kommt Blätterberg! Aber am meisten freut uns natürlich, dass es nicht von den Blöden kommt, das wäre uns dann doch zu platt gewesen!

Bei Hutthurm im Landkreis Passau in Niederbayern liegt der Weiler Brennschinken. Einer der ältesten Orte in der Gegend, 45 Einwohner. Zwei davon sind Monika und Christian Liepold, und die erklären ihren Ortsnamen allen Nicht-Brennschinkenern folgendermaßen: „Das ist ein zusammengesetztes Namenwort aus dem Tunwort ‚Brennen' und dem Hauptwort ‚Schinken' – mit der Erklärung verstehn's die meisten Menschen ..."

Es gibt heute nur noch zwei Bauernhöfe in Brennschinken. Aber früher hat ja jeder Bauer seinen Schinken selbst geräuchert. Vielleicht ist das der Ursprung dieses Ortsnamens? Landwirt Martin Wagner sagt: „Das kann ich wirklich ned sagen, obwohl mich das schon so viel Leute g'fragt haben."

Aber dass der Name irgendwie hungrig macht – da sind sich die Einwohner einig: „Ich hab' mal meine Adresse angeben müssen, weil ich beim Arzt war, dann hat der g'sagt: ‚Mei, jetzt hab' ich aber an Appetit auf a G'räuchertes gekriegt!" Und dass es irgendwas mit Essen zu tun haben muss, da sind sich zumindest die Liepolds sicher: „Mir hat mal jemand g'sagt, dass des ein uralter Name ist. Und dass in Urzeiten am offenen Feuer Fleisch gegrillt worden ist, als man noch mehr oder weniger im Freien g'lebt hat."

Als die Vorfahren der Brennschinkener noch mehr oder weniger im Freien lebten, lag der Ort nachweislich an einer alten Handelsstraße. Thomas Fuchs bringt den Ortsnamen damit in Zusammenhang: „Meine Mutter hat mal was g'sagt, dass die Säumer, die mit Salz nach Böhmen durchgezogen sind, hier immer wieder geplündert haben. Und wegen denen ist dann das Fleisch versteckt worden, so dass des irgendwie da herkommt. Aber ob das stimmt? Keine Ahnung."

Im Text vom ‚Brennschinkener Tango' – der inoffiziellen Ortshymne – wird das Geheimnis leider auch nicht gelüftet. Und so kann nur noch einer helfen: Max Draxinger, Bürgermeister der Gemeinde und ein geborener Brennschinkener. Er erzählt: „Der Name kommt daher, dass der damalige Passauer Bischof Reginbert 1138 bis 1148 Passauer Adlige hier angesiedelt hat. Und diese Adligen hatten den Namen ‚Pruenschinken'."

Aber warum hießen die Adligen „Pruenschinken"? Weil sie so gern Schweinernes gegessen haben? Ein Geheimnis, das die Brennschinkener wohl noch auf Jahre beschäftigen wird ...

Busendorf liegt an der Bundesstraße 4 von Bamberg nach Coburg. Der pikante Name dieses Ortsteils der Gemeinde Rattelsdorf, Postleitzahl 96179, regte schon immer die Fantasie der Menschen an.

Und so ist es kein Wunder, dass auch im Ort selbst einige Theorien darüber kursieren: Feuerwehrvorstand Wilhelm Baum zum Beispiel behauptet, „dass hier von den Bauern Bußfeuer oder Dankfeuer geschürt wurden, ähnlich den Feuern beim Erntedankfest“. Und da diese Feuer oben auf dem 300 Meter hohen Büchelberg nordöstlich des Dorfes gebrannt hätten, gelte der Büchelberg als Buß-Berg – und das sei der Grund für die Namensbildung „Busendorf“.

Schreinermeister Josef Appel ist Busendorfer wie Wilhelm Baum, hat aber eine ganz andere Idee zur möglichen Herkunft dieses Ortsnamens: „Ich vermute mal, dass der Name daher kommt, dass – wenn man vom Berg aus unser Busendorf betrachtet – der Ort auf einer Ausbuchtung liegt. Und das sieht eben aus wie ein Busen, und vermutlich kommt der Name von diesem Anblick.“

Busendorf im Itzgrund am Rande der Haßberge. Etwas über 100 Einwohner, die sich aber alle daran gewöhnt haben, wegen des zweideutigen Namens ihres Dorfes aufgezogen zu werden. Michael Schober ist auch Busendorfer und sagt: „Früher, wenn in der Nähe ein Festzug gemacht worden ist, etwa bei einem Feuerwehrfest, und wir Busendorfer sind mitmarschiert und hatten da unser Täfala mit dem Schriftzug ‚Busendorf‘, dann haben immer welche geschrien: ‚Ja, wir hätten die Busendorfer heiraten sollen!‘“

Wo der Name genau herkommt, weiß Dr. Thomas Gunzelmann vom Landesamt für Denkmalpflege: „In Franken verbindet man oft einen männlichen Personennamen mit dem Namen des Dorfes. Bei Busendorf ist es genauso: Es handelt sich um den Personennamen ‚Buozzo‘, was so viel wie ‚stolz, keck, kühn’ bedeutet. Und das heißt: Dieses Dorf hat ein stolzer, kühner Mann gegründet.“

Kühn und stolz und irgendwie erotisch – ein Traum von einem Ortsnamen ...

Dass Bayern himmlisch ist, weiß eigentlich jeder. Dass es im Freistaat auch einige Orte mit himmlischen Namen gibt, ist nicht ganz so bekannt. Im Landkreis Traunstein ist einer. Der Ort ist die nördlichste Gemeinde des Kreises und besteht aus 103 kleinen Ortschaften und Weilern. Und vermutlich sind alle 2800 Einwohner glücklich über ihren schönen Ortsnamen: Engelsberg!

Geradezu überirdisch muss es also sein, wenn man als Engelsberger auch noch in der Engel-Apotheke arbeitet. Wir fragen ihren Chef Bernhard Barth: „‚Herr Engel', das sagen oft die Leute am Telefon! Aber lauter Engel sind hier auch nicht." Aber zumindest mechanische gibt's: im kleinen Glockenspiel in der Kirche! Vielleicht sind sie ja der Grund für diesen lustigen Ortsnamen? Also, wie kamen die Engel auf den Berg? „Wahrscheinlich sind mir so brav", vermutet Ingrid Neudecker, die Wirtin vom Gasthaus Babinger. Den „tieferen Sinn", sagt sie, kenne sie freilich auch nicht. Weiß ihre Tochter Eva mehr? „Also: ‚Berg' kommt davon, dass mir drei Berge ham!" Ja, schon – aber was ist mit den Engeln?

In der örtlichen Postfiliale gibt es seit Menschengedenken für die dortigen Engel immer wieder Extra-Arbeit, vor allem an Weihnachten. Einer der ehemaligen Post-Engel erzählt uns: „Ich hab' immer wieder von weit her Post zug'schickt bekommen, denn die Leute wollten halt unbedingt den Stempel von Engelsberg. Die hab ich dann am Heiligen Abend gestempelt und sie wieder zurückg'schickt."

Der kleine Severin, ein echter Engelsberger, sammelt zwar keine Briefmarken, weiß aber dafür was in Sachen Engel: „Die Leute damals wollten die Kirch' eigentlich in Eiting baun. Dann ham sie die Steine für die Kirch' alle hingebracht, aber die Engerl ham die Steine immer wieder auf den Berg getragen. Dann san's drauf kemma, dass die Engerl des ned zulassen, dass sie die Kirch' da unten baun. Deswegen ham's es dann herobn herbaut – und daher kommt der Name Engelsberg!"

Keine schlechte Erklärung – aber in der Chronik steht's anders. Franz Ketzer hat extra für uns ganz genau nachgelesen: „Im 6. Jahrhundert war hier ein Freiherr Engildo, und nach dem ist Engelsberg benannt."

Da hatten wir so eine schöne Geschichte, und dann kommt da so eine weltliche Erklärung – für so einen himmlischen Ortsnamen.

Ewigkeit“ ist ziemlich schwer zu finden – nicht mal ein ordentliches Schild hat dieser Ort. Ist aber vielleicht gar kein Wunder, denn die Ewigkeit – das ist ja nun wirklich ein schwieriges, ein unergründliches Thema: Wann fing sie an, die Ewigkeit? Und wenn es heißt „von Ewigkeit zu Ewigkeit“ – wann kommt die nächste?

Die bayerische Ewigkeit: Sie ist ein Gemeindeteil von Simbach am Inn und besteht aus nur ein paar Häusern. Interessant dabei: Die meisten Ewigkeiter wohnen hier seit Generationen, man könnte – nein, man muss also eigentlich sagen: seit einer Ewigkeit. In Ewigkeit Nummer 1 zum Beispiel ist Landwirt Otto Hagn zu Hause. Ewigkeit Nummer 2 bewohnen Therese und Wilhelm Hagn.

Wie fühlt man sich so in einem Weiler mit quasi unendlichem Ortsnamen? „Also, wenn man sagt, man ist von der Ewigkeit, dann wird man erst mal ang’schaut, und dann wird drüber g’lacht“, sagt Otto Hagn. Und Therese Hagn erzählt: „Manchmal ham s’ schon als Adresse auf die Briefe g’schrieben: ‚Ewigkeit Amen!‘ Kimmt aber trotzdem her.“

Postbote Stefan Lehner ist für die ordnungsgemäße Zustellung aller Briefe nach Ewigkeit zuständig – ob er vielleicht auch weiß, wo der lustige Ortsname herkommt? „Ewigkeit? Dass da vielleicht die Ewigkeit ist? Ich weiß es nicht!“ Sollte die Herkunft des Namens ein endloses Rätsel bleiben? Vielleicht kann ja Bürgermeister Richard Findl Licht ins ewige Dunkel bringen: „Wenn man den Ort Simbach als Ausgangspunkt wählt und dann in die Ewigkeit geht, dann dauert es eben eine Ewigkeit, bis man in Ewigkeit ankommt – und so dürfte der Name entstanden sein!“

Grau ist alle Theorie, offenbar soll diese Frage für alle Zeiten unbeantwortet bleiben. Denn auch was Otto Hagn mal gehört hat, löst das Problem nicht wirklich – Ewigkeit ist offenbar einer der wenigen Orte, an denen unsere Recherchekünste versagen. Otto Hagn kann uns nur vermelden: „Früher hat das ‚Buchleiten‘ geheißen. Und dann ist das mal umg’schrieben worden auf ‚Ewigkeit‘.“ Und wann war das? „Das ist schon ewig her!“ Na – passt ja zumindest.

Fischbehälter gehört zu den Weilern in Bayern, auf deren Existenz gerade mal ein einziger Wegweiser hindeutet. Fischbehälter liegt am Rande des Bayerischen Waldes gleich neben dem ehemaligen Benediktinerkloster Frauenzell. Bis nach Regensburg sind es ca. 30 Kilometer, und die Besitztümer der Fürstin Gloria sind auch gleich in der Nähe. Vier Häuser gibt es in Fischbehälter, aber: weit und breit kein Fischgeschäft!

Mal schauen, ob Manfred Schmidbauer klären kann, was es mit dem tierischen Ortsnamen auf sich hat: „Tja, den Namen, den gibt's eigentlich schon immer. Aber wo der herkommt – vielleicht kommt der auch von früher, vom Kloster. Wir haben doch ein Kloster in Frauenzell, und das besteht ja schon seit 1700 oder so ..."

Auf das Kloster kommen wir noch, erst mal fragen wir Maria Schmidbauer, wie es sich denn in weltlichen Zusammenhängen so lebt mit dem Ortsnamen „Fischbehälter": „Ganz lustig. Meine Tochter ist jetzt auf die Realschule gekommen, in eine neue Schule. Und was dort passiert, wenn sie den Namen sagt, wo sie her ist! Aber mit dem kann man leben ..."

„Fischbehälter"! Wo mag dieser seltsame Name herkommen? Nach Fisch riecht es hier nirgends, eher nach Pferd. Wir fragen Pferdebesitzerin Claudia Bauer: „Ich persönlich finde den Namen schrecklich. Aber alle unsere Nachbarn sind begeistert, die sagen: ‚Man nennt den Namen nur ein einziges Mal, und schon haben alle Leute sich ihn gemerkt!'"

Na ja, in Fischbehälter gibt es noch so einiges Schmunzelnswertes. Simone Heuschneider erzählt: „Egal, ob man wo anruft oder Briefe kriegt – mir haben auch schon welche gekriegt, wo gar keine Straße vorne drauf g'schrieben war. Sondern da war nur ein Aquarium gezeichnet und Fische dabei und nur eine Nummer zwei dahinter für die Hausnummer."

Wie Fischbehälter letztendlich aber doch mit dem Kloster Frauenzell zusammenhängt, weiß Heimatpfleger Hans Schreier: „Aus dem Wald kommt das Wasser, hier den Hang herunter, und sammelt sich im Tal. Und das war der Ort, wo die Mönche ihre Fische züchteten und aufbewahrten, in einem Behälter, und deshalb lautet der Name heute noch ‚Fischbehälter'."

„Fischbehälter" kommt von Fischbehälter. Wir hatten ja schon so was geahnt ...

Frankfurt liegt nicht am Main – Frankfurt ist ein Ortsteil von Markt Taschendorf im Steigerwald in Mittelfranken! Es ist auch kein Bankenzentrum – nur eine Bank zum Ausruhen steht hier. Statt Handkäs mit Musik und Ebbelwoi gibt's im fränkischen Frankfurt Bratwörscht und Bier. Und internationaler Verkehrsknotenpunkt ist es auch keiner, aber mit dem Bus kommt man zumindest in die anderen Ortsteile. Nach Klösmühle, Hombeer und Lachheim.

Aber wie kommen die Frankfurter mit der Namensgleichheit zurecht? Josef Scharold erzählt: „Ich war mal auf Kur, da bin ich angesprochen worden, wo ich her bin. Und da hab ich g'sagt: ‚von Frankfurt'! Das wollten mir die Leute nicht glauben, schon wegen der Sprache ..." Nein, Hessisch wird hier mitten in Franken nicht gebabbelt.

Auch nicht von Maria Spindler, die sich für eventuelle Verwechslungen schon mal ein Sprüchlein zurechtgelegt hat: „Immer, wenn's heißt: ‚Sie sind bestimmt von Frankfurt am Main!', sag' ich: ‚Naa, mir san die Vorstadt von Frankfurt am Main!'" Aber jetzt genug vom großen Bruder – wir wollen wissen, warum das kleine Frankfurt „Frankfurt" heißt. Doris Oeder vom Reiterhof hat schon mal was gehört: „Also, es gibt den Beinamen, den unoffiziellen: ‚Frankfurt an der Hecke', weil hier früher viele Hecken waren, weil's von Hecken richtig umrundet war!" ‚Frankfurt an der Hecke': Das klingt mindestens genauso schön wie ‚Frankfurt am Main'! Aber jetzt sind wir schon wieder in die hessische Metropole abgedriftet ...

Zurück in den mittelfränkischen Steigerwald – zu Bürgermeister Christian Göttfert: „Entstanden sein dürfte der Ort als Ansiedlung an einer Furt, die zwei Hochstraßen miteinander verband, weil hier die Möglichkeit war, ohne sumpfiges Gelände über den Bach Steinach zu gelangen."

An einer fränkischen Furt liegt also unser Frankfurt an der Hecke, und anstelle des Mains überquert man hier die schöne Steinach. Darauf einen Ebbelwoi – und eine „Frankfurter" ...

Fratze“, das bedeutet ja im Allgemeinen einen hässlichen oder sogar beleidigenden Gesichtsausdruck oder ein verzerrtes Gesicht. Und ein Kind, das man als „Fratz“ bezeichnet, ist auch nicht zu beneiden. Genauso wenig wie die Fratzendorfer ...

Fratzendorf, ein kleiner Weiler mit nur drei Höfen, gehört zur Gemeinde Neukirchen vorm Wald im Landkreis Passau. Woher der Ortsname kommt? Der Kriegl Anton und seine Schwester, die Altenbuchinger Maria, haben „keine Ahnung – und des ham auch unsere Eltern schon ned g'wusst.“ Aber die Maria hat zumindest schon mal nachgeschaut, ob ihr Fratzendorf Konkurrenz hat: „Mich hat's mal interessiert, aber in den großen Telefonbüchern hab' ich nie ein anderes Fratzendorf g'sehn!“ Kein Wunder: Fratzendorf ist konkurrenzlos. Bayern- und bundesweit.

Aber wie kamen die Fratzen ins Dorf? An den Bewohnern kann's kaum liegen, die sehen eigentlich alle ganz nett aus. Der Hans Bauer zum Beispiel weiß jedenfalls nicht, warum Fratzendorf so heißt: „Das ist mir völlig fremd. Ich hab' bloß zufällig einen Grund gepachtet, und deswegen bin ich da.“ Und auch der Wimmer Josef sieht die Sache recht pragmatisch: „Wenn man so die Dörfer anschaut, da hat ein jedes seinen Namen – und irgendwie so hat Fratzendorf eben auch seinen Namen gekriegt.“

Da hat er schon recht. Aber das hilft uns bei der Suche auch nicht weiter. Vielleicht kann der Riedl Franz helfen, der ist hier immerhin Bürgermeister: „Um 1000 nach Christus sind die ersten Ortsnamen mit der Bezeichnung ‚Dorf' eingeführt worden. Und wie wir jetzt erfahren können, war vielleicht fränkischer Einfluss da – oder sogar ein Name Grundlage, wie Frankilo, Frankl oder Franz. Aber mit ‚Fratz' hat es nach unseren Erkenntnissen nichts zu tun.“

Da wären die Fratzendorfer sicher auch beleidigt gewesen ...

Fährt man von Pittenhart Richtung Prien am Chiemsee, taucht plötzlich ein Fremdling auf. Also: der Ort „Fremdling“ im Landkreis Traunstein. Ein paar Bauernhöfe und eine Kapelle, aber kein Fremdenverkehrsamt und nicht allzu viel Fremdenverkehr.

Ab und an kommen freilich doch „Fremdlinge“ vorbei. Georg Schartner erzählt: „Ich hab’ amal von einem Münchner eine Ansichtskarte gekriegt, der hatte unsre Ortstafel fotografiert und dann einen Spruch draufg’macht – vom Karl Valentin: Fremd ist der Fremde nur in der Fremde!“ Und nur Fremdlinge sagen zu Fremdling Fremdling. Echte Fremdlinger nennen ihren Ort nämlich „Fremming“.

Was aber meinen die Fremdlinge, genauer: die Fremdlingerinnen und Fremdlinger, wo ihr befremdlicher Ortsname herkommt? „Da sind wahrscheinlich früher irgendwelche Fremde da gewesen“, könnte man vermuten – aber das ist ja doch eher allgemein. Konkreter ist da schon eine Geschichte von der Dorfgründung, die mit der Nachbargemeinde zu tun hat. Alois Straßer weiß von einer Sage, „dass unsere Urahnen nach Pittenhart wollten, aber dort nicht willkommen gewesen sind, und dann ham sie sich eben da angesiedelt“. Marianne Schartner kennt den Rest der Geschichte: „Und dann haben die Pittenharter immer gesagt: ‚Des san Fremde.‘ Und dadurch ist dann der Name ‚Fremdling‘ entstanden.“

Fest steht jedenfalls, dass der Ort bereits in der zweiten Hälfte des 15. Jahrhunderts als „Frömling“ in einem Stiftsbuch des Klosters Seeon steht, zu dem es bis zur Säkularisation auch gehört hat. Kloster, Frömling, Fremdling: vom Klang her ganz plausibel. Aber exakt erklärt ist die Herkunft des Namens damit noch nicht.

Heimatforscher Rudolf Schreiner hat dazu nämlich auch eine Theorie – und die geht in eine ganz andere Richtung. Er hat einmal von einem Ort „Fredinghowa“ gelesen: „Fredinghowa ist also die Au, der Hof des ‚Freding‘ gewesen. Das war ein Eigenname von Adeligen, die hier das ganze Gebiet besessen haben.“ Also: Auf einen „Freding“ soll der lustige Ortsname zurückzuführen sein.

Wie sagte Karl Valentin? Fremd ist der Fremde nur in der Fremde. Drum einfach mal nach Fremdling fahren – dann werden vielleicht aus Fremden Freunde ...

Im südlichen Allgäu bei Roßhaupten liegt, mitten in grünen Wiesen, Freßlesreute. Ein Ort, in dem wir vermutlich auf ein permanentes großes Schmausen treffen werden, auf kulinarische Orgien und fröhliche Völlerei. Schaun mer mal ...

Der Weiler besteht aus drei Höfen. Im Bauernhof mit der Hausnummer 1 wohnen die drei Generationen der Familie Linder. Im zweiten Hof die Familie Gast, im dritten die Familie Fichtl. Kannst du uns sagen, woher der Name „Freßlesreute" kommt, fragen wir die Veronika Fichtl: „Nö, des weiß nur mein Opa."

Tja, die Jugend. Fragen wir also zunächst mal Papa Fichtl: Freßlesreute – essen die Leute hier mehr als anderswo? „Also von der Figur her denk' ich, dass wir schon normal essen. Und auch nicht zu viel inhalieren ..." Inhalieren? Mit der flüssigen Nahrung wird also nicht übertrieben, nach Kostverächtern klingen unsere Freßlesreuter andererseits auch nicht.

Viele hungrige Mäuler gibt es übrigens auch auf dem Hof von Familie Gast zu stopfen: Die Miezis von Johanna warten schon den ganzen Tag aufs Fressen. Und Katzenopa Karl Gast hat seine ganz eigene Vermutung, woher der Name Freßlesreute kommt: „Von einer Waldrodung: wie man das Dorf erweitert hat, da hat man Futterfläche fürs Vieh gebraucht. Und das im Zusammenhang mit Fressen und Reuthe – also das ist jedenfalls meine Vermutung ..."

Hört sich irgendwie logisch an. Kann dem der Heimatforscher Pankraz Walk widersprechen? „Der Name Freßlesreute ist entstanden durch eine Rodung: ‚Reute' sagt Hanglage und Rodungsort. Und auf der anderen Seite ‚Frezzen', das Abfressen der Weiden durch das Vieh."

Na also: Frezzen gleich Fressen, aber: Es sind die hungrigen Tiere, die dem Ort seinen Namen gaben. Alle Vermutungen in Richtung menschlich-allzumenschlicher Orgien und Schmausereien bei den Freßlesreutern nehmen wir an dieser Stelle mit dem größten Bedauern zurück ...

Der Winter hat Bayern zwar hin und wieder fest im Griff – doch an einem Ort ist er dauerhaft ausgebrochen, der Frühling: in „Frühling", einem Ortsteil von Traunreut, der größten Stadt im Landkreis Traunstein. Für rund 110 Frühlingerinnen und Frühlinger ist sozusagen permanent die schönste Zeit des Jahres. Und wenn man sich die vielen Kinder anschaut, die im kleinen Dorf Frühling auf der Straße unterwegs sind, muss wohl auch an den vielzitierten „Frühlingsgefühlen" was dran sein.

Aber woher hat der Frühling seinen Namen? Also: der Ort „Frühling"? Die Frühlinger haben da so ihre Theorien – genauer gesagt: jede Menge Theorien. Elisabeth Leisl beispielsweise hat mal gehört, dass es „von Fridolin herkommt". Thomas Hacker glaubt, dass schon die alten Römer, als sie an der Ansiedlung vorbeigestapft seien, beschlossen hätten, dass dieser Ort einfach „Frühling" heißen müsse – „wegen des traumhaften Wetters und der traumhaften Leute". Weitere Frühlingstheoretiker behaupten sogar, dass der Name was mit einer Keltensiedlung zu tun habe, die hier früher mal gestanden haben soll. Also, was jetzt: Fridolin, Römer oder Kelten?

Ortsheimatpfleger Johannes Danner weiß, wie der Frühling nach Bayern kam: „Das hat mit der gleichnamigen Jahreszeit nichts zu tun. Das Wort geht zurück auf einen frühmittelalterlichen Personennamen: Fruilo. Der hatte hier einen Bauernhof, und der hat dem Ort seinen Namen gegeben."

Eigentlich schade. Aber das weiß ja kaum einer, und deshalb wird's auch in Zukunft so sein, dass stets ein bisserl Neid aufkommt, wenn ein Nicht-Frühlinger auf einen Frühlinger trifft – bei diesem fröhlichen Ortsnamen ...

An der B22, der Ostmarkstraße, liegt gleich bei Rötz: Gänsschnabl. Der kleine Weiler besteht aus gerade mal zwei Häusern. Und gleich vorweg: Hier gibt's keine einzige Gans. Aber allerlei anderes Getier tummelt sich in Gänsschnabl: eine Wasserschildkröte, ein Wachhund, diverse Koi-Karpfen.

In diesem von allen Gänsen verlassenen Ort wohnt seit fünf Generationen die Familie Wutz. Lucia, Lisa und Johann Wutz. Und im zweiten Haus die Familie Killermann. Vielleicht weiß gleich Frau Killermann etwas über den Ursprung des Namens Gänsschnabl? „Na, ich weiß ned, woher der Name is ..."

Zwischen den beiden Häusern steht eine Fatimakapelle, aber da finden wir auch keinen Hinweis auf den Namen. Immerhin: Die Aufzeichnungen der Familie Wutz gehen zurück bis ins Jahr 1790. Johann Wutz ist heute im Nebenerwerb Bauer, und er erzählt, sein Großvater hätte tatsächlich schon mal um den Erhalt des Namens kämpfen müssen: „Im Dritten Reich gab's den Vorschlag, dass sie sich einen anderen Namen suchen. Aber da waren sich mein Großvater und der Nachbar einig: Da gibt es nix anderes, des bleibt so, des soll nach wie vor ‚Gänsschnabl' heißen."

Echte Gänsschnabler eben! Denen macht es nichts aus, wegen des Namens auch mal dumm angeredet zu werden. Lucia Wutz erinnert sich: „Also mein Mann hat mir da schon manche Story erzählt. Auf dem Schulweg hat es immer wieder Gerangel gegeben, und er ist gehänselt worden mit ‚Du Ganserer' oder ‚Du mit deinem Gänsschnabl' ..."

Dummes Geschnatter – da muss man durch. Außerdem kommt da grad' der Bürgermeister Ludwig Reger aus Rötz heran, um uns zu berichten, was er alles weiß über Gänsschnabl: „Der Name kann einmal davon abgeleitet werden, dass es früher viele Gänse hier gegeben hat, das ist die eine Möglichkeit. Die andere ist: Der Name kommt von der Form dieses Ortsteiles, denn der hat tatsächlich die Form eines Gänseschnabels."

Ein Ortsteil mit der Form eines ...? Es bleiben Zweifel, ob Gänsschnabel nicht doch einfach nach demjenigen Tier beschnabelt wurde, das zur Zeit der Ortstaufe hier halt so anzutreffen war. Heute – ohne Gänse – würde dieses Prinzip natürlich zu ganz anderen Namen führen. Da würde der Ort höchstwahrscheinlich „Wasserschildkrötenmaul", „Wachhundschnauze" oder „Koi-Karpfen-Lippe" getauft werden ...

Wir sind bei Surberg in der Nähe von Traunstein. Und hier besuchen wir einen Ort, bei dem wir uns allein vom Klang her vorstellen: Hier werden ein paar zwielichtige Gestalten in Kürze die Bank überfallen und dann auf ihren Mustangs durch die Wüste nach Mexiko abhauen. Ja genau, wir sind in „Geiersnest"!

Das allerdings liegt natürlich in Bayern und nicht im Wilden Westen. Karl May hat hier nicht „Unter Geiern" geschrieben, und statt Cowboys und Desperados wohnen in diesem schönen Weiler zum Beispiel die Seehubers. Und die Familie Lobensommer. Sowie der Franz Zillner – natürlich auch mit Familie –, und der erzählt uns, dass hier zwar keine Banküberfälle passieren, aber durchaus grober Unfug angestellt wird: „Da haben mir mal ein paar Handwerker da g'habt und die ham uns aus Jux auf des ‚Geiersnest'-Ortsschild ein Nest draufgemacht. Und da haben dann auch noch ein paar Geier aussagschaut."

Geier. Wir schauen uns um, aber statt ein ganzes Nest zu sehen, findet sich hier nicht mal ein ganz kleiner. Von Martin Zillner erfahren wir zwar, welche Greifvögel sie hier haben – „Habicht, Mäusebussard, Sperber" – aber auch die Lobensommers meinen: „Geier hammer hier noch nie ein g'seng." Vielleicht sollte man das alles ornithologisch auch nicht zu genau nehmen, meint Konrad Seehuber: „Früher, da hat man allaweil ‚Geier' g'sagt. Zu den Bussarden und den anderen auch. ‚Des is' a Geier!', hat man allaweil g'sagt, wenn da oben welche gekreist sind."

Aber wie kommt denn nun der Geier ins Nest und der Ort zu seinem Namen? Die Lobensommers sind keine Freunde von naheliegenden Erklärungen: „Mit Geier hat das nix zu tun, überhaupts nix. Nur einer war mal da, der hat g'meint: ‚Wenn's wenigstens Adlerhorst heißen würde'!" Ja, „Adlerhorst" wäre majestätischer. Aber um die Geier kommen wir heute nun mal nicht rum. Oder doch?

Bürgermeister Josef Wimmer löst das Rätsel: „Bei ‚Geiersnest' nimmt man an, dass das aus dem Namen ‚Goisenester' kommt. Das ist urkundlich im 16. Jahrhundert in einer Salzburger Urkunde erwähnt. Und ‚Goisenester' bedeutet: ‚Die Weiden der Geißen' – der Ziegen. Und im Laufe der Zeit hat sich das vom Sprachgebrauch her in ‚Geiersnest' gewandelt."

Nix war's mit Wildwestromantik. Von den Ziegen kommt der Name. Und dazu passen weder Cowboys noch Bankräuber.

Aber – hol's der Geier – das ist vielleicht auch ganz gut so ...

Es gibt auf der Welt Orte von großer Harmlosigkeit – aber auch Orte, die sich quasi im permanenten Ausnahmezustand befinden. Auf 900

Metern Höhe bei Waldmünchen an der Glasstraße liegt mitten im Wald der Ort „Gibacht". Hier ist man immer gewarnt, ganz klar. Aber wovor? Gibacht ist nämlich einfach ein friedliches Gasthaus mit Biergarten. Einwohner gibt's nur einen, Wanderer dagegen jede Menge. Und alle haben sie so ihre Theorien über die Entstehung dieses Namens.

Pia Mühlbauer zum Beispiel vermutet, es kommt von „Hab acht", denn: „Hab acht, das war ein Zeichen von Wilderern. Die haben sich untereinander damit gewarnt. Das Zeichen war ein ‚H' und auf dem Querbalken lag eine 8. Und daher wird das wahrscheinlich kommen, dieses Gibacht ..."

Warum nicht? Gewildert wurde hier früher sicher. Ein Fall für Josef Hofstetter. Denn der sollte sich als Förster mit Wilderergeschichten von Berufs wegen auskennen. Also aufgepasst, woher kommt Gibacht? „Da kann ich mir überhaupt nix drunter vorstellen. Aber vielleicht hat's irgendwas mit der Grenze zu tun?"

Also, die böhmische Grenze ist tatsächlich gleich ums Eck. Aber ob's daher kommt? Jetzt muss doch noch der einzige Bewohner von Gibacht ran: Der Glaskünstler und Wirt Ralph Wenzel wohnt und arbeitet hier seit 2003. Er hat neben dem Wirtshaus eine Galerie und eine kleine Werkstatt. Seine Spezialität: Glasperlen, selbst „gewickelt", nicht geschmuggelt. „Höchstwahrscheinlich kommt der Name ‚Gibacht' von der Further Senke. Weil man die von hier aus überschauen konnte. Und einer musste acht geben, was in der Further Senke passiert."

Klar, Vertrauen ist gut, Kontrolle ist besser, auch in der Further Senke. Um aber auch diese Erklärung zu kontrollieren, fragen wir Josef Brückl, den 2. Bürgermeister von Waldmünchen, woher der Name kommt: „Man muss sich das so vorstellen, dass früher die Höhenzüge über 900 Metern nicht bewaldet waren. Deshalb hatte man hier einen guten Weitblick bis zur Grenze nach Böhmen. Aus diesem Grunde ist hier ein sogenannter ‚Lärmturm' zur Beobachtung der Grenze entstanden."

Der Lärmturm zur Grenzbeobachtung, „Gibacht" genannt, ist schon lange abgerissen, und weit schaun kann man heutzutage wegen der Bäume auch nimmer. Aber ein Ausflug nach Gibacht zu Brotzeit und Glaskunst – der lohnt sich allemal.

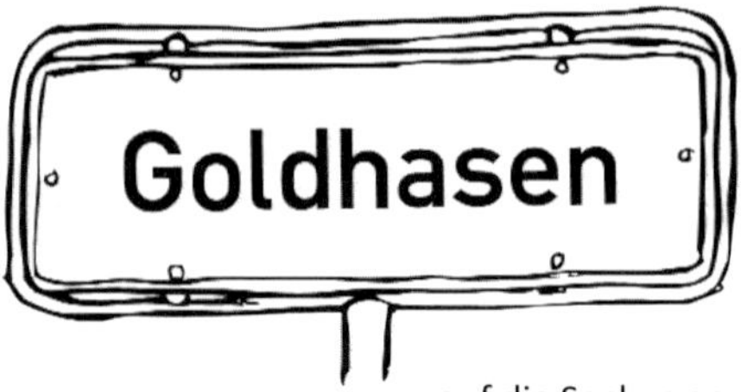

Im Landkreis Ostallgäu, Gemeinde Rückholz, liegt an einem Südhang der kleine Weiler Goldhasen. In der vorösterlichen Zeit haben wir uns auf die Socken gemacht, um den Ortsnamen zu ergründen. Warum ausgerechnet Goldhasen, fragen wir Engelbert und Rosmarie Weber: „Da ham's halt kein anderen Namen g'funden. Ein goldener Hase? So was gibt's ja nit."

Also, eigentlich gibt's das ja tatsächlich nicht, aber vielleicht ist hier in Goldhasen ja ein Hasenwunder geschehen. Oder hat Meister Lampe etwa gar nix zu tun mit dem Ortsnamen? Etwas erhöht wohnt Konrad Hösle, er vermutet was: „‚Goldhafer', ich glaub', zuerst hat es ‚Goldhafer' geheißen, dann haben sie ‚Goldhasen' draus g'macht."

Vom goldenen Hafer? Vielleicht finden wir im Stall der Paulsteiners eine wertvolle Spur. Aber der Hafer für die Kühe ist hier ganz normal, und goldene Kälber gibt's hier auch keine.

Immerhin: Gabi Paulsteiner hat sich schlau gemacht über die Ortsgeschichte. Gegründet wurde Goldhasen wohl um 1215 – und das war's auch schon an gesicherten Erkenntnissen, sagt sie. „Vor kurzem hab' ich so an Forscher gefunden, so an Historiker. Und der hat gesagt: Dieser verflixte Ort, wir wissen bis heute nicht, wo dieser Ort herkommt. Es könnte auch sein, dass hier ein Goldhändler gewohnt hat, der Hans geheißen hat. Und von diesem Goldhans, dass des a Abwandlung ist."

Müsste ein rechter Hans im Glück gewesen sein. Nur: In dem Märchen kommt kein Hase vor, schon gar kein Goldhase.

Mysteriös! Doch Bürgermeister Xaver Boos hat noch eine Deutung in Reserve: „Der Name besteht aus Gold und Hasen. Gold steht für die ertragreichen Böden, und Hasen steht für das Vieh, das hier auf den Feldern weidet – natürlich auch für die Hasen, die hier durch die Gegend hoppeln. Allerdings sind das natürlich keine goldenen Hasen, wie man hier zur Osterzeit vermuten könnte, sondern ganz normale braune."

Die, so viel steht fest, auch keine Ostereier legen – und schon gar keine goldenen. Sehr schade, finden die Goldhasener. Und wir finden das eigentlich auch ...

Fährt man durch den Bayerischen Wald von Zenting nach Eging, so taucht plötzlich – wie aus dem Nichts – links der Straße ein Ort auf. Ein Ort, dessen Name einem Schauer den Rücken hinunterjagt, das Blut in den Adern gefrieren lässt und garantiert nichts ist für schwache Nerven: „Grausensdorf"! Die Straßen wie leergefegt. Keine Menschenseele weit und breit. Doch – zwei mutige Grausensdorfer trauen sich vor die Tür: Christl und Felix Gaida. Sie wohnen erst seit ein paar Jahren hier: „Viele haben gesagt: ‚Da wollt Ihr hinziehen? Das gibt's doch nicht, das klingt ja so grausam, da würd' ich nicht hinziehen!'"

Und das Allergrausamste: Hinter dem nächsten Hügel wartet schon der nächste Schrecken! Nur einen Zombiesprung von Grausensdorf entfernt liegt – „Gruselsberg"! Auch hier ist niemand unterwegs, der Ort liegt wie verlassen. Gruselig! Nur die mutige Frau Schropp will reden, als Einzige – also, woher kommen die beiden mysteriösen Ortsnamen? „Des kann ich ned sagn. Weil's mich bis jetzt noch ned gruselt hat." Ein Verdacht: Haben die Gruselsberger und Grausensdorfer etwas zu verbergen? Im Wirtshaus im nahegelegenen Zenting lüftet Wirtin Sigrid Kamm dann auch noch ein schockierendes Geheimnis: „Am Stammtisch erzähln's immer, dass da früher mal so ein Frauenkult war, da ham's Männer geopfert, da san Steine oben, so Mulden, die man angeblich noch besichtigen kann." Das wird ja immer schauriger! Gleich fragen wir noch einen der Gäste hier, einen Mann – hat er Angst? „Es gibt Stimmungen, die einem schon a bisserl Angst machen, irgendwie. Auch vom Wetter her, des hat schon a bisserl was Mystisches."

Doch damit können wir uns nicht zufriedengeben. Wir wollen Fakten, Fakten, Fakten. Und fragen den 2. Bürgermeister von Zenting, der schon rein namensmäßig gut hierher passt – Max Killinger: „Grausensdorf und Gruselsberg wurden wahrscheinlich gleichzeitig gegründet. Bei Grausensdorf wird vermutet, dass hier der ‚Grause', der Große, der Vater, gesiedelt hat, und in Gruselsberg der Sohn, was vom lateinischen ‚grusela' kommt, ‚der besiedelt hat', das soll ungefähr im 13. Jahrhundert gewesen sein."

Also haben hier gar keine männermordenden Frauen ihr Unwesen getrieben? Ist aller Grusel, alles Grausen nur eingebildet? Na, um Mitternacht, wenn das Käuzchen schreit, wollen wir hier trotzdem lieber nicht allein unterwegs sein ...

Unterfranken, im Landkreis Haßberge. Hier gibt's einen Ort mit „tierisch" lustigem Namen: „Gückelhirn"! Leider, so meinen viele Gückelhirner, ist ihr Ort nicht so bekannt, wie er sein sollte: „Die meisten wissen, wo Mallorca ist und so Zeug. Aber wo Gückelhirn ist, das so nahe liegt, wissen's ned", klagt Annerose Fischer. Recht hat sie. Drum noch mal zum Mitschreiben: Gückelhirn liegt zwischen Schweinfurt und Coburg, an der B 279, ganz exakt: auf halber Strecke zwischen Geroldswind und Großsaarhof.

Auch wenn viele Menschen bisher nicht genau wussten, wo Gückelhirn zu finden ist – irgendwie berühmt in der ganzen Gegend war es schon immer, weiß Karl-Otto von Deuster: „Es muss früher einen Spruch geben haben – wenn irgendeiner dumm gefragt hat: ‚Wo kommst du her?' Dann antwortete der Gefragte: ‚Von Gückelhirn', auch wenn das gar nicht gestimmt hat! Das war wohl hier in der Gegend, wo man den Namen kannte, eine beliebte Antwort, um eine dumme Frage abzuwehren."

Unsere Frage aber ist gar nicht dumm: Wo kommt er her, dieser lustige Ortsname? Doch die erste Gückelhirner Antwort bringt uns nicht sehr viel weiter: „Keine Ahnung, vielleicht hat's hier an Haufen Gockel geben?" Heute gibt's in Gückelhirn aber nur noch ein paar Häuser, einen seltsamen Glockenturm, Damwild – und eine zum Fußballplatz umfunktionierte Bushaltestelle.

Für die Lösung müssen die Gückelhirner ihr Hirn deshalb noch ein bisserl mehr anstrengen – Manuel Fischer verfolgt eine heiße Spur in Sachen Ortsname: „Das war früher mal ‚Guckelhurne', und da hat sich der Name dann so geändert. Aber wo genau dieses ‚Guckelhurne' hergekommen ist, das weiß ich ned."

Doch Kreisheimatpfleger Günter Lipp, der weiß es: „Der erste Teil des Ortsnamens hängt zusammen mit ‚Gugel', und Gugel bedeutet eigentlich Haube oder was Rundes, steckt beispielsweise auch in dem Wort ‚Gugelhupf' drin. Und der zweite Teil ‚Hurne': Das kommt von ‚Hurn'. Und Hurn, das ist eine Sumpflache."

Das Federvieh hat also rein gar nichts mit der Entstehung dieses Ortsnamens zu tun: Eine „runde Sumpflache" gab der Ansiedlung ihren Namen.

Und mit dieser Klärung steht eigentlich dem weltweiten Bekanntwerden von Gückelhirn nichts mehr im Wege …

Neben den wenigen anderen Dingen, von denen sich zu träumen lohnt, träumt ein echter Bayer vor allem zur Wiesn-Zeit natürlich immer wieder von gebratenen Hendlkeulen. Doch als wir in Hahnschenkel im Landkreis Lindau ankommen: weit und breit kein Bratenduft. Na gut. Wir sind ja auch nicht zum Essen hier, sondern um das Geheimnis dieses Namens zu ergründen. Wir beginnen erst mal ganz harmlos und fragen die Benteles, wie denn die Einwohner von Hahnschenkel im Allgemeinen genannt werden: „Hahnschenkler, die sagen Hahnschenkler." Und Christine Roubal sagt: „‚Hühnerbeiner' hat's bei irgendwelche Leut auch schon mal geheißen. Einfach um uns zu ärgern."

Im Hühner-Ärgern sind übrigens die eher kleinen Hahnschenkler ganz groß. Phillip, Simon, Marco und Lisa wollen uns mal einen richtigen Hahnschenkel aus der Nähe zeigen. Doch gerade die stolzen Hähne laufen ziemlich schreckhaft davon. Fürs Erste muss die Henne herhalten. Kinder, fragen wir, wisst ihr eigentlich, woher der Ortsname „Hahnschenkel" kommt? „Also ich hab's so gehört", sagt Marco, „dass hier in Hahnschenkel die Kurve so naufgeht wie beim Hahnschenkel, und dass es mit dem was zu tun hat."

Hahnschenkel kommt von der Form des Hahnschenkels? Tatsächlich schlängelt sich die Straße von Genhofen her ganz schön rauf nach Hahnschenkel. Aber ob das schon die richtige Erklärung ist? Und wo bekommen wir auf die Schnelle jetzt das Röntgenbild eines Hahns her? Irgendein Hahnschenkler muss uns hier noch Rede und Antwort stehen. Schon langsam knurrt uns übrigens auch der Magen. Also schnell noch mal zu Hermann Bentele. Woher kommt der Name? „Früher ham's Hanschenkel ohne ‚h' geschrieben, und jetzt schreiben's es mit ‚h'. Aber warum: des weiß i a nit."

Wie gut, dass es da noch den Herbert Mader gibt, den Pfarrer aus dem nahen Stiefenhofen. Denn der hat die Lösung: „Der Ortsname kommt von einem Bauern, der hier heroben sein Gehöft hatte. Der Name war Kaspar Hahnschenkel – vielleicht waren seine Waden nicht besonders entwickelt, es gibt hierzulande ja heute noch den Namen ‚Hühnerwadl'."

Der Ort heißt nach einem Bauern. Und der nach seinen Wadln. Wunderbar, Auftrag erledigt. Jetzt geht's aber heim nach München. Die Hendl auf der Wiesn rufen. Und zu den Hendl-Haxn noch a helle Maß – ein Traum ...

Auf halbem Weg von Hengersberg nach Grafenau im Bayerischen Wald taucht aus dichtem Nebel „Handschuh" auf. Also: nicht zwei Handschuhe und auch nicht einer, sondern eben: „Handschuh", eine kleine Ortschaft mit zehn Häusern. Genau so viele, wie ein Handschuh Finger hat.

Der Winter schlägt heuer ja recht hart zu, aber die Handschuher sind hart im Nehmen: „Grad weil mir in Handschuh sind, brauchen mir keine Handschuh. Wenn mich wirklich friert, schieb' ich die Hände einfach in die Taschen." Also gut: Der Ortsname scheint schon mal nicht daher zu kommen, dass die Menschen hier besonders verfroren wären.

Aber woher dann? Hat Friedrich Schiller was damit zu tun? Der hat ja eine ganz berühmte Ballade verfasst: „Der Handschuh". Da geht's um den wagemutigen Ritter Delorges, ein Fräulein Kunigund, um Tiger, um Löwen – und einen Handschuh. Aber Schiller war zeitlebens nicht im Bayerischen Wald, und an den Ritter Delorges kann sich hier auch niemand erinnern. Der Handschuher Siegfried Schönberger erinnert sich freilich an was anderes: „Früher war ganz am Ende des Dorfes mal eine Handschuhfabrik, daher kommt der Name Handschuh." Und eine Nachbarin erzählt: „Früher war da nur ein Haus, das ist das Haus vom Handschuhmann gewesen – das letzte Haus!"

Der Handschuhmann? Mysteriös! Am Ende vom Dorf soll er gelebt haben, im Haus Nummer 7. Schon in Flurkarten von 1840 ist dieses Haus erwähnt. Doch wir finden nicht die kleinste Spur von Handschuhfabrik oder Handschuhmann. Dafür treffen wir eine Handschuherin, die sage und schreibe ein Dutzend Paar Handschuhe daheim hat. Ihre Schwiegermutter hat die alle gestrickt, und weil's einfach zu viele waren, wurden die in der Familie immer zum Arbeiten benutzt – aber als Erklärung für die Herkunft des Ortsnamens ist das natürlich ein bisserl dürftig.

Wir fragen also Nicole Ehlers, Ortsnamensforscherin der Universität Passau. Kann sie Licht ins Handschuh-Dunkel bringen? „Der Ortsname Handschuh ist ein Flurname. Die Flur hat so ausgesehen wie ein Handschuh, und so hat man dem Ort den Namen gegeben."

Na, das ist doch mal eine originelle Erklärung für einen Ortsnamen: Handschuh – kommt einfach ganz schlapp von Handschuh ...

Verlässt man den Ort Inzell in Oberbayern, kommt man direkt nach Hausmann. Na, eigentlich ist's ja eher ein Ortsteil von Inzell. Hier leben 154 Hausmänner und Hausmännerinnen. Es gibt das Hotel der Familie von Yoschi Keller und eine Gaststätte. Die bewirtschaftet Familie Schäfer. Und was steht auf der Speisekarte? „Da gibt's a Hausmannskost. Mit eigenen Wurstspezialitäten, Sülze, Blut- und Leberwurst. Alles stellen wir eigen her."

Hausmannskost in Hausmann, darauf freuen sich vor allem die Wanderer rund um Inzell. Was aber die Hausmänner angeht, da machen wir lieber erst mal eine Umfrage unter den hiesigen Damen: „Ah ja, Hausmänner, ja, ja." – „Sind heutzutage sehr gefragt." – „Also das sind sie schon, die Männer, die hier wohnen."

Na, hoffentlich begegnet uns endlich auch mal ein Hausmann in Hausmann, damit wir das überprüfen können. Ein paar Straßen weiter führen wir unsere Umfrage fort – und kommen mit der Frage, ob die hiesigen Hausmänner wirklich im Haushalt helfen, nun zu etwas anderen Ergebnissen: „Na, des tut meiner ned. Und man muss ihm eigentlich alles bringen, wenn's Essenszeit ist. Sogar zum Kühlschrank geht er kaum selber hin. Der wird verwöhnt, der Mo." Das klingt ja ganz anders als bei unserer ersten Umfrage. Klassische Rollenverteilung – und klassische Begründungen: „I bin der, wo's Geld herbringt, der Geld-Mo." Oder: „Was Kochen angeht, das mach' ich. Aber alles, was Spülen und Waschen und so angeht, macht meine Frau ..."

Die dunkle Seite des Weilers Hausmann. Manche der starken Männer hier trifft man zwar am Besen genauso wie an der Säge. Bei anderen aber dreht sich statt der Trommel der Waschmaschine höchstens die Mischmaschine, weil sie grad im Garten was zu betonieren haben, wie beim Kamml Georg. Kein Wunder, dass diese Jungs uns nicht weiterhelfen können bei der Frage nach der Herkunft ihres Ortsnamens. Heimatforscher Willi Preinfalk dagegen kennt sich ganz genau aus: „Der Name ‚Hausmann' wird abgeleitet vom althochdeutschen ‚Husemann'. Das war der Mann, der im Haus gearbeitet hat, aber nicht im Haus gewohnt hat."

Da schau her: Schon in althochdeutschen Zeiten gab's Männer, die im Haus gearbeitet haben. Sollten die Vorfahren also schon weiter gewesen sein als die heutigen Männer in Hausmann? Wir bleiben dran ...

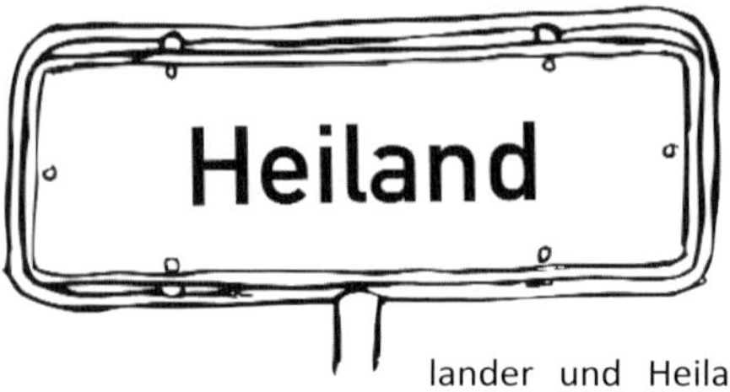

Diesmal gibt es nur zwei Möglichkeiten: Entweder begegnen wir Jesus gleich auf der Hauptstraße von Heiland – oder all die Heilander und Heilanderinnen stammen eigentlich von den schottischen Hügeln, den Highlands (und nennen sich „Highlander“ wie Connor MacLeod alias Christopher Lambert).

„Oft sagen die Leut: ‚Ja, die Highlander‘“, erfahren wir gleich im Ort, „und die sagen ‚Highlander‘, weil mir hier ein bisserl höher wohnen. Da werden wir scho öftersch ogsproche, gell.“

Kein Wunder, denn Highlander erwartet man ja nicht unbedingt in dieser Region, bei Marktoberdorf im Allgäu. Hier leben 250 bayerische Heilander. Wir fragen gleich mal nach, ob die Einwohner von Heiland frommer sind als die Leut anderswo. Wie heilig geht's in Heiland wirklich zu?

„Heiland isch a schöner Name“, sagt man uns, „aber ob da so heilige Menschen leben hier, i weiß es net.“ Sehr bescheiden sind manche Heilander – andere wiederum gar nicht: „Heiliges Land heißt man des, gell. Lauter heilige Leut.“ Vielleicht haben die Menschen hier aber auch einfach akzeptiert, dass mit ihrem Ortsnamen immer wieder Scherze gemacht werden: „Bei uns sind viele Urlauber in der Gegend. Und von denen sagen oft welche, sie kommen nur her, um Urlaub zu machen ‚zwischen Heiland und Bethlehem‘.“

Stimmt: Da wollen wir irgendwann auch noch hin, ins bayerische Bethlehem gleich ums Eck bei Lengenwang. Aber jetzt sind wir erst einmal in Heiland und fragen Sandra Venturini und Klaus Greiner: Woher kommt euer Ortsname?

„Ich vermut' mal, das hat bestimmt einen religiösen Hintergrund.“ – „Ich kann's net sagen, wo das herkommt, aber ich find's 'nen schönen Namen.“

Ja, schon schön. Aber wie kommt der Heiland in die Allgäuer Highlands? Lehrer Herbert Eigler kennt sich aus. „Der Name ‚Heiland‘ ist ein sehr alter Allgäuer Familienname. Im Jahr 1609 tauchte er zum ersten Mal in diesem Ort auf und verdrängte allmählich den alten Ortsnamen, der war ‚Diepoltsried‘. Wir hatten 1609 hier im Ort nämlich ein Kuriosum: Und zwar lebten hier in drei Häusern drei Familien mit dem Familiennamen Heiland. Und dann hieß es nur noch ‚bei den Heilands‘, wenn der Ort gemeint war – und so wurde allmählich draus der Ortsname ‚Heiland‘.“

So wurde aus drei Heiländern ein Heiland.

Heiland im Allgäu – es kann nur eines geben!

In der Gemeinde Dasing kommt man auf dem Weg nach Adelzhausen durch einen Ort, wo streng genommen alle Bayern ihre Heimat haben. Denn „Heimat" ist heute unser Ziel. Hier sind die Heimater zu Hause, daheim sozusagen. Aber was bedeutet Heimat für seine Bewohner? Wir veranstalten eine kleine Umfrage: „Heimat ist sozusagen, wenn's heißt: Dahoam is dahoam." – „Ein Ortsname wie jeder andere." – „Vor zehn, fünfzehn Jahren, so genau weiß ich's nit, da waren auf einmal zwei Ortsschilder da – mit ‚Hinter Heimat' und ‚Vorder Heimat'."

Wie? Hinter- und Vorderheimat? Tatsächlich, nur einen Ortsschildwurf entfernt liegt sozusagen die zweite Heimat! Aber welche ist nun die richtige? „Also – mir! Mir fühlen uns als ‚Heimat'!" – „Seitdem dass mir zu Dasing gehörn, is' des jetzt ‚Vorder Heimat' und ‚Hinter Heimat'. So im Dings, im Sprachgebrauch haben wir schon immer g'sagt ‚Hinter Hoamat' oder ‚Vorder Hoamat'. Aber g'schrieben hat man früher nur ‚Heimat'."

Deutschland ist nun schon länger vereint, aber die Heimat haben sie inzwischen geteilt. Das verstehe, wer will. Egal – was sagen die Leute eigentlich, wenn mal ein Heimater in die Fremde kommt, fragen wir Anton Zwiekopf: „Früher sind wir verbebbelt worden: ‚Erzähl mir nix! Ich bin auch aus der Heimat', hat man dann immer zu hören bekommen."

Es ist schon ein Kreuz mit der Heimat – und mit Vorder und Hinter sind es schon zwei Kreuze mit zwei Heimaten. Also besuchen wir Pfarrer Daniel Reichel. Was bedeutet für Sie Heimat, Hochwürden? „Ich sag immer, da wo die Eltern sind oder wo's Bett steht, da ist die Heimat. Da, wo man sich hinlegen kann und wo man sich wohlfühlt, da ist die Heimat."

Sehr schön. Aber wir wollen jetzt wissen, wie Heimat – egal ob davor oder dahinter – zu seinem Namen kam, und fragen drum Hans-Georg Hansen vom Historischen Arbeitskreis Dasing: „Das hier ist ein Siedlungsplatz, an dem vor allem junge Bauern, die zu Hause den Hof nicht übernehmen konnten, die Möglichkeit bekamen, ein eigenes Anwesen aufzubauen und Landwirtschaft zu betreiben. Das war also dann die ‚neue Heimat' der jungen Bauern hier."

Jetzt also nicht nur „Vorder" und „Hinter", sondern auch noch „Neue" Heimat? Wir haben offenbar die Heimat-Frage gelöst – aber verwirrt sind wir jetzt trotzdem ...

Der Himmel über Bayern ist weiß-blau und der über Franken rot-weiß, klar. Dass aber dieser weiß-blaue – respektive rot-weiße – Himmel auch noch ein Krönchen trägt, weiß nicht jeder. Im Landkreis Kulmbach in Oberfranken an der B 303 findet sich der Beweis: Hier liegt die Gemeinde Himmelkron. Bereits im Jahr 1279 wurde Himmelkron als Zisterzienserinnen-Kloster gegründet, und noch immer nennen sich die rund 3500 Himmelkroner nicht Himmelkroner – sondern wie? „Die Einheimischen sagen ‚Klosterer'", erzählt uns ein Einheimischer. Ach so.

Um Weihnachten rum ist in Himmelkron natürlich immer ganz besonders viel los: „Da kriegen wir immer Briefe von Kindern, die meinen, sie kriegen vom Christkind mal 'ne Antwort", erzählt der Himmelkroner – pardon: „Klosterer" – Andreas Krainhöfer. Wir wollen auch eine Antwort – und zwar auf die Frage, wie Himmelkron zu seinem himmlischen Ortsnamen kam. Eine Klostererin vermutet: „Hier wurde ein christlicher Name gesucht für den Ort ‚Brezendorf'. Dann ist man auf die Krone des Himmels gestoßen – und daraus wurde dann Himmelkron." Aber was haben Himmel und Krone mit der Brezn zu tun? Ein Fall für Bäckereichefin Martha Kaupper: „Mit der Bäckereibrezn hat das nix zu tun. ‚Pretzen' mit ‚P' – ‚Pretzendorf' hat das früher geheißen! Aber ich bin keine Gebürtige, mit der Geschichte kenn' ich mich ned so gut aus." Also, für eine Zugezogene ist das schon beachtlich viel Ortskenntnis, finden wir.

Noch besser aber kennt sich natürlich Heimatforscher Helmut Meißner aus: „Nur das Kloster innerhalb der Klostermauern hat den Namen ‚Himmelkron' bekommen. Der Ort selber hieß ‚Pretzendorf'. Und nach der Säkularisation ist dann der Name des Klosters Himmelkron auf den ganzen Ort übergegangen und der Name ‚Pretzendorf' ist vollkommen verschwunden."

Und woher der Name Pretzendorf kam?

Das ist wieder eine ganz andere Geschichte ...

Im Südwesten von Au in der Hallertau liegt ein Dorf, das es schon seit über tausend Jahren gibt. Gegründet im Jahr 994, ist Hirnkirchen heute zwar ein Teil von Au i. d. Hallertau, hat auch nur neunundneunzig Einwohner – aber was für einen Namen!

Die erste Hirnkirchnerin, der wir begegnen, ist Tanja Rieder. Kann sie uns sagen, wo dieser Name herkommt? „Also ‚Kirch' ist ja klar bei uns auf dem Land, da hast ja immer mehrere Kirchen, aber ‚Hirn'? Keine Ahnung, woher des kimmt ..."

Hirn! Genau. Dessen Herkunft ist ja auch uns eher unklar. Da ist Grips gefragt! Wir fragen einfach mal Johann Littl, auch Littl Joe genannt: „Hirnkirchen kommt her von ganz früher. Da war hier der Sitz eines Herrengeschlechts. Und der Ort hieß ursprünglich: ‚Herrenkirchen'!"

Auch Herbert Neumaier macht sich für die Theorie von den Herren ohne Hirn stark: „Des war mit Sicherheit Herrenkirchen, aber ich weiß jetzt ned, wie dass des auf ‚Hirn' umg'schlagen ist."

O Herr, schmeiß Hirn vom Himmel – sagt man in Bayern so. Vielleicht hat sich der Herr wirklich erbarmt und tatsächlich die Herren von Herrenkirchen getroffen. Und ein bisserl was davon ist auch jetzt noch hier zu finden, oder, Josef Schmid?

„Na ja, die jetzigen Hirnkirchner ham schon ganz schön was im Kopf. Aber wenn Sie fragen, wie da im Laufe der Zeit dieser Name entstanden ist – also das findet man eigentlich in keiner Lektüre ..."

Nur noch 95 Hirnkirchner, die uns das Rätsel der Entstehung ihres Ortsnamens lösen können – langsam wird's eng. In der romanischen Kirche „Peter und Paul" finden wir auch keinen Hinweis. Bleibt als Rettung nur der Kreisheimatpfleger. Rudolf Goerge aus Freising setzt sein Hirnkastel für uns in Gang: „Wir müssen die erste Urkunde anschauen, vom Jahr 994, da erfahren wir den ursprünglichen Namen: ‚Heri pirga kirica'. Das heißt also: ‚Die Kirche einer gewissen Heri Pirk', einer edlen feinen Dame, die hier eine Eigenkirche für sich und ihre Familie gestiftet hat. Das war der ursprüngliche Name, und der hat sich im Laufe von tausend Jahren zu ‚Hirnkirchen' einfach verändert."

Verändert, oder eben umg'schlagen, wie es hier auch heißt. Ein schönes Wort. Wie das genau geht, dieses Umschlagen, wissen wir zwar immer noch nicht – aber darüber soll sich mal jemand anders das Hirn zermartern ...

Hirten liegt direkt an der Alz, ist ein Gemeindeteil von Burgkirchen und befindet sich ziemlich genau zwischen dem Chiemsee und Altötting. Die Gegend ist ein Wanderparadies, der Ort hat eine Bäckerei, ein Marterl und einen Gasthof mit eigener Metzgerei. Ungefähr 1218 Bewohner und etliche Schafe leben hier. Schafe in „Hirten"? Das passt doch perfekt!

Der Hirte aus Hirten heißt Josef Barth, und der müsste sich eigentlich mit der Herkunft des Ortsnamens auskennen, schon von Berufs wegen. Aber: „I bin erst vor 15 Jahr' in diese Ortschaft gezogen", sagt er, „tatsächlich hab' i zufälligerweise eine Schafzucht, und das passt ja mit dem Namen ‚Hirten' ganz gut zusammen. Aber warum der Ort so heißt, kann i ned sagen."

Schade. Kein Hirte, aber ein Hirtener ist Haflingerzüchter Hermann Jetzelsberger. Seine Theorie ist: „Ja, ich stell' mir das so vor, dass da früher die Leut übern Fluss gekommen sind mit den Schafen und den Kühen. Und hier waren dann die Tiere und natürlich auch die Hirten. Und irgendwann wird das halt geheißen haben, wenn welche hierher gingen: ‚Wir gehen nach Hirten'." Klingt natürlich plausibel, aber ist es auch wahr?

Bei Hirten denkt man immer auch an die Weihnachtsgeschichte, und Josef Barth erzählt uns gleich von einem Jahr, in dem die Hirtener fürs Krippenspiel echte, lebendige und ganz zahme Lämmer in die Kirche mitgenommen haben. Darum reichen wir die Frage nach der Herkunft des Ortsnamens „Hirten" an den Krippenbeauftragten von Margarethenberg, den Hirtener Martin Krumbachner, weiter – und der klärt uns auf: „Der Name ‚Hirten' hat ned unbedingt mit den Hirten aus Bethlehem was zu tun, und auch ned mit den Schafhirten. Sondern der Name kommt einfach von einer Brücke, einer ‚Hürde', die hier früher über die Alz ging. Und aus ‚Hürde' ist dann der Name ‚Hirten' entstanden."

Eine Hürde über den Fluss, eine Brücke also. Schon in frühen Zeiten ein Verweis darauf, dass man hier seine Schäfchen ins Trockene zu bringen versteht – damit sie fit sind fürs Hirtenspiel an Heiligabend.

Bei Eschlkam im Bayerischen Wald gibt's ein Dorf, wo uns gleich bei der Ankunft einiges auf den Ortsnamen hinweist: Windräder, Wohnwägen, viele viele Blumen ...

Aber hoppla – das Wesentliche fehlt ja, oder, Bürgermeister Josef Kammermeier? „Ja. Wir stehn hier vor dem leeren Ortsschild von Holland. Es wird uns jeden Augenblick geklaut. Wir wissen nicht, wer das ist, aber wir vermuten, das san die Preißn – oder aber Holländer: Urlauber, die sich hier mit einem Schild versorgen und es dann daheim im Garten aufstellen."

In Holland sind wir also gelandet, im bayerischen Holland. 50 Holländer und Holländerinnen wohnen hier, 700 Kilometer vom großen Holland entfernt, gell, Agnes Vogl? „Einmal, wie ich g'sagt hab', ich bin von Holland, da hat mich eine g'fragt: ‚Also gefällt's dir nicht bei uns?' Aber natürlich g'fällt's mir schon ..."

Schön ist es hier wirklich. Und viele Holländer wie Anton Brandl haben ihre besondere Form von Nationalstolz entwickelt: „Mir san richtige Holländer, bayerische Holländer!" Christine Fischer klärt auch gleich die Frage nach der hiesigen Nationalsprache: „Mir reden Bairisch, nix anderes. Einen speziellen ein bisserl niederländischen ‚Klein-Holland-Dialekt' haben mir ned, weil mir samma ja des kleine Holland in Bayern."

Ein richtiger Zwergenstaat sozusagen. Aber jetzt wollen wir schon wissen, wie der Name Holland nach Bayern kam, Agnes Vogl: „Früher war in Holland ein Bauer, der hat sich g'schrieben ‚Andreas Holl' oder ‚Holl Andrè' ..." Könnte stimmen – aber Konrad Adam hat noch eine andere Theorie parat: „Das muss irgendwie von der Natur herkommen, von Stauden oder Sträuchern, von Hollandrien ..."

Holland? Hollandrien? „Holl Anderl"? Hollerähdulljöh? Verwirrung total. Am besten, wir fragen gleich beim Kreisarchivpfleger Werner Perlinger nach: „Sehr wahrscheinlich kommt der Name ‚Hollandern', ‚Hollanderin', wie schon 1847 in den ersten Aufzeichnungen niedergeschrieben ist, von den vielen hier ehemals vorhandenen Holunderbüschen. Denn nach Andreas Schmellers Bayerischem Wörterbuch ist der ‚Holunter', der ‚Holanter' – der Holunderbusch."

Ein paar Holunderbüsche gibt's auch heute noch im bayerischen Holland. Und dank dem Holländer Konrad Adam auch wieder ein Ortsschild – selbst gepinselt! Fragt sich nur, wie lang's dranbleibt.

Naturpark Frankenwald bei Naila. An der Bahnstrecke von Hof nach Bad Steben liegt der Haltepunkt „Höllenthal". Und am Eingang des Höllentales – diesmal ohne „h" – liegt die Hölle. Sozusagen die Unterwelt von Oberfranken. Und die Höllenbewohner? „Wenn's in der Höll, dem Ort der Qual, so schön wär' wie im Höllental, dann möchte ich jahraus, jahrein für immer in der Hölle sein." Schwärmt Günther Herbolzheimer, ein echter Höller. Davon gibt es ungefähr 150. Und die sagen übrigens auch nicht: „Wir kommen aus Hölle." Nein, „wir sagen immer: ‚Wir kommen aus der Hölle'!"

Man möchte es kaum glauben: Hölle gilt unter Wanderern als Paradies – auf 4 Kilometern windet sich die Selbitz malerisch durchs Höllental. Früher war Hölle sogar ein überregional bekannter Luftkurort, mit Hotels und Pensionen. „Urlaub in der Hölle", hieß es damals. Heute geht's zwar ruhiger zu im Höllental, doch als Höllenbewohner lässt es sich noch immer angenehm leben. Die Schallers erzählen: „Mir haben noch nie Nachteile gehabt, bestimmt ned." Das findet auch Elfriede Richter-Tosch: „Da sagen viele: ‚Ojeh-ojeh, Hölle!' Da sag' ich immer: Des macht gar nix – im späteren Leben wird getauscht!"

Und wie kam dieser liebliche Ort zu seinem grauslichen Namen? „Es kann nur so sein, dass es hier früher ziemlich dunkel war", vermuten die Höller, „dass sich die Leute ziemlich gegraust haben müssen, weil da ringsum eben diese steilen Felsen waren und das Tal so tief eingeschnitten und finster, dass man deswegen gesagt hat: Das ist Hölle!" Aber Ernst Beyer, der älteste Höllenbewohner, hat noch eine andere Quelle für den Ortsnamen ausgemacht: „Des kommt von früher, von den Bergwerken her. Weil hier Eisen geschmolzen worden ist und Kupfer. Und da war immer nachts Feuer zu sehn!" So ein Höllenfeuer sieht man heute nicht mehr. Aber eine alte Mühle gibt's noch. Und eine alte Sage über Hölle, die die Höller noch heute erzählen: „Da ist ein Bauer mit einem Fuhrwerk da hinten nauf, und da hat's so geblitzt, da hat der immer g'sagt: ‚Schlimmer könnt's in der Hölle auch nit sein'!"

Doch woher stammt der Name wirklich? Höllenexperte Edgar Findeiß weiß Bescheid: „Vor über tausend Jahren, als die Kelten hier waren, haben sie ein zerklüftetes Gebiet hier vorgefunden. Und das keltische Wort dafür heißt „hel", das steht für ‚wild zerklüftetes Land'. Und in der Mundart ist dann ‚Höll' und ‚Hölle' draus geworden. Also: Es kommt nicht vom Teufel!"

Höllisch einfach eigentlich ...

Zwischen Wasserburg am Inn und Haag in Oberbayern, da geht's – meine Herren! – richtig sauber zu!

Denn da liegt „Hoswaschen". Hoswaschen, ein Gemeindeteil von Soyen, unweit der Deutschen Ferienstraße Alpen-Ostsee. Die Alpen sieht man in der Ferne, die Ostsee – weniger ...

Hoswaschen besteht aus einem Bauernhof und ein paar Kühen. Und vor allem natürlich besteht Hoswaschen aus der Familie Ramm. Hausname dieses Hofs in Hoswaschen ist übrigens – man mag's kaum glauben – „Hösl"! Da sind die Ramms doch sicher schon ein paarmal drauf angesprochen worden, oder, Sebastian und Franziska Ramm? „Na ja. Hauptsächlich die Nordgermanen kommen mit dem Namen ned ganz zurecht. Die fragen dann natürlich, ob wir so fleißig san mit dem Waschen und so. Und dann sag' ich immer: ‚Na, das hat mit Waschen gar nix zu tun'."

Nicht vom Hosenwaschen kommt „Hoswaschen"? Dann vielleicht von den Hasen auf dem Höslhof in Hoswaschen, quasi: von den Rammlern bei den Ramms? Alles Unsinn, sagt Seniorbauer Sebastian Ramm. Er kennt da aber eine andere Theorie, vom Hörensagen, von früher: „Das kommt wahrscheinlich von ‚Hochwaschen', weil rundum lauter Moränengebiet ist. Da drüben war mal vor ich weiß nicht wie vielen Jahren ein See, und wenn man da nachschaut, sieht man an den Kiesschichten, wie hoch hier mal das Wasser g'wesen ist."

Seen gab's tatsächlich mal rund um Soyen. Aber ob das was mit ‚Hochwaschen' oder sogar mit ‚Hoswaschen' zu tun hat? Wir wollen das nicht gleich verwerfen, also: Vielleicht haben ja die Urzeit-Hoswaschener mit den Kieseln aus den Gletschermoränen und mit dem abfließenden Eiszeitwasser einen urzeitlichen Wäschereibetrieb aufgemacht? Und kaum waren die Felle aus der Eiszeit weg und die Hosen erfunden, haben sie dort oben eine Hoch- und Hosenwäscherei eröffnet. Nein? Dann eben nicht ...

Bürgermeister Karl Fischberger aus Soyen hat eh eine andere Erklärung: „Der Name ‚Hoswaschen' geht zurück auf ein altes Wort: ‚Vaska'. Was so viel bedeutet wie ‚Dorf auf der Anhöhe' oder ‚Ortschaft auf der Anhöhe'."

„Vaska" passt zu Waschen. Und „Anhöhe" und „hoch" – das passt auch. Nur wie aus „Hoch" die „Hos" wurde, diese Herleitung bleibt irgendwie verwaschen ...

In der Fränkischen Schweiz gibt's einen Ort, auf dessen Namen die Bewohner vor allem in der Fastenzeit angesprochen werden: Hunger, Gemeinde Betzenstein. Ein paar Häuser. Eine Straße.

Die Hungerer sagen dann oft im Scherz, sie seien die Partnerstadt von Essen. Dabei ist Hunger gar keine Stadt, war noch nie eine, sondern wahrscheinlich lange Zeit lang nur ein einziger Hof, erklären uns die Geschwister Weidinger. Denn ihre Familie hat den Hof mit dem passenden Hausnamen: „Wir sind die ‚Hungerbauern', ein Hofname, der natürlich auf den Ortsnamen zurückgeht. Und er ist sicherlich damit begründet, dass wir die Ersten waren, die den Ort besiedelt haben."

Hunger, verbürgt seit 1316. Heute leben hier ein paar dünne Katzen und fünfzehn Hungererinnen und Hungerer. Dazu ein paar Ferienhäuser, was die Frage aufwirft, ob das für die Gäste nicht ein recht karger Urlaub wird, ausgerechnet in Hunger ... „Na, wir lassen es uns hier schon gutgehen", erfahren wir dort. „Auch wenn es hier leider keine Wirtschaft gibt."

Also im Prinzip kein Hunger in Hunger? Dazu haben Dieter und Hans Schneider eine ganz klare Meinung: „Gegessen wird bei uns freilich! Keine Frage, also an dem lassen wir's net fehlen. Hunger ham mir immer!" Gut, dass ihre Frauen Gabriele und Luise das Problem im Griff haben: „Bei uns gibt's heut Fleischküchla mit Kartoffelbrei und Gemüse."

Uns knurrt der Magen. Doch vor allem müssen wir herausfinden, wie Hunger zu seinem Namen kam. Auf dem Hungerbauernhof bekommen wir gleich zwei Theorien aufgetischt: Zum einen, „dass es aus dem Ungarischen kommt, von ‚Hungaria', als vor vielen Jahren die Hunnen da gesiedelt haben." Und zum anderen, „dass es vom Altdeutschen ‚Huota' kommt und ‚eingehegte Viehweide' bedeutet."

Hunnen, Hungaria, Huota? Ein Rätsel! Friedrich Funk, Bürgermeister von Betzenstein, hat noch eine Theorie: „Der Ortsname Hunger in einer hügeligen Landschaft mit steinigen und mageren Böden lässt vermuten, dass es früher hier große Probleme gab, die kinderreichen Familien überhaupt ernähren zu können."

Hunger: viele leckere Theorien, aber bestätigt ist keine. Fest steht nur: Wir haben definitiv ein Loch im Bauch und gehen jetzt sofort nach Betzenstein ins Wirtshaus – vielleicht auch auf ein paar Fleischküchla – oder ist etwa schon wieder Fastenzeit?

Südlich von Bayreuth geht's plötzlich links ab nach Kamerun. Kamerun mitten in Bayern? Zentralafrika in Oberfranken? Der Atlas muss neu gezeichnet werden!

Kamerun ist nebenbei zugegebenermaßen ein Staat in Schwarzafrika – vor allem aber ist das „Forsthaus Kamerun" ein Ausflugsziel in Oberfranken. Hier wohnen Werner Schlegel, Kerstin Förster und Sohn Michi. Und die Kameruner Wirtsleute werden immer wieder nicht nur von Gästen auf den ungewöhnlichen Ortsnamen angesprochen, sagt Kerstin Förster. „Mein Sohn und ich sind in so einer Spielgruppe, und wenn man da vorgestellt wird, und der Michael sagt: ‚Wir kommen aus Kamerun!' – das ist für die anderen schon immer sehr lustig."

Kamerun ist nur 5 Kilometer von Bayreuth entfernt. Familie Schmidt ist mit den Rädern da. Und das macht Hunger, sagt Papa Schmidt: „Ich hab da auf der Straße das Schild gesehen: ‚Kamerun'. Da haben wir uns gesagt, gehen wir mal nach Afrika – dabei gibt's zu essen hier Italienisch!"

Pasta und Pizza in Kamerun, seit über zehn Jahren schon! Und was gab's früher, fragen wir: „Rinderbraten hat's gegeben. Sauerbraten und a Brotzeit, Pressack und eingeschnittene Stadtwurscht hat's gegeben ..."

Pressack und Pizza? Klingt eher multikulti als echt afrikanisch. Und eine Erklärung, woher der Name kommt, haben wir auch immer noch keine. Doch da hinten sitzt der Werner Küffner und sagt: „In Bayreuth gibt es eine Volksetymologie, die besagt, der Name heißt: ‚Hier kann man ruhn', weil man sich im Wald so schön ausruhn kann. Und im Dialekt gibt ein ‚Hier kam mer ruhn' dann irgendwann ‚Kamerun'!"

Irgendwie einleuchtend. Doch wir geben keine Ruhe und fragen den einzigen Schwarzen, den wir in Kamerun getroffen haben: Bürgermeister Harald Mild, CSU:

„Das Forsthaus Kamerun hat seinen Namen bekommen in der Zeit um 1884/85, als die Kolonialzeit in Deutschland großgeschrieben wurde. Bayreuther Ausflügler haben damals diese herrliche dicht bewaldete Gegend mit der Regenwaldküste der gerade gegründeten Kolonie Kamerun in Verbindung gebracht und den Namen einfach übertragen."

Glücklicherweise ist der Wunsch nach Kolonien inzwischen hierzulande nicht mehr so groß. Drum liegt das einzige Kamerun unter deutscher Flagge eben nicht in Zentralafrika, sondern natürlich in Oberfranken. Wie schön ...

Bei Mindelheim im Landkreis Unterallgäu im Schwäbischen liegt auf einer Anhöhe das Dorf Katzenhirn. Hier miaut es an jeder Ecke – bis zu 50 Kater und Miezen leben hier, dazu 46 zweibeinige Katzenhirner. Und einer von denen vermutet, dass die Vierbeiner hinter dem Ortsnamen stecken. „Genau weiß ich das auch ned, aber ich vermut', weil's in Katzenhirn viele Katzen gibt." Offensichtlich ist, dass die Katzenhirner Katzen mögen. Aber ob das schon die richtige Erklärung für die Entstehung des Ortsnamens ist? Denn – da fehlt ja noch das „Hirn". Am Ende ist diese ganze Überlegung für die Katz?

Nicht jede Katzenhirnerin ist ein Katzenfan. Gabriele Riedle zum Beispiel: „Ich weiß, dass es viele Katzen gibt, sehr viele – und ich eine Katzenallergie habe. Ich habe einen Hund, und das ist mein Wichtigstes." Woher der Ortsname stammt, ist ihr schnurzegal. Dafür hat Ottmar Gom eine heiße Spur: „Ja, da ist weiter oben mal eine Ritterburg g'standen, die haben die Leute ‚Katzenhorst' genannt, so habe ich es jedenfalls gehört." Na ja, zwar trägt keine der hiesigen Katzen den Namen Horst, doch die Ritterburg könnte ein Hinweis auf den Ortsnamen sein.

Theresia Merz, eine der ältesten Katzenhirnerinnen, weiß zumindest, was es mit der Burg auf sich hat. „Es war mal ein Schloss da oben, und da war ein Herr von und zu Katzenhirn – die haben ja früher oft so komische Namen gehabt – und das Schloss ist dann im Dreißigjährigen Krieg zerstört worden." Von und zu Katzenhirn, ein eher „interessanter" Name, mit dem im adeligen Adoptionsgeschäft sicher kein Burgherr seinen Reibach gemacht hätte.

Mal sehen, welche Erklärung die Profis parat haben. Heimatpfleger Erwin Holzbaur führt auf eine völlig neue Spur: „Der Name ‚Katzenhirn' ist zweiteilig und kommt tatsächlich nach Meinung der Ortsnamenforscher von ‚Katze' und deren Schädelform. Das hängt sicher mit den alten Wegesystemen zusammen, die hier so etwas verbogen sind, schädelförmig sozusagen."

Also, da braucht es schon viel Hirn, um vom Katzenschädel über Umwege-Systeme auf Katzenhirn zu kommen. Na, wenn es denn so ist – miau …

Wie bitte? Vielleicht ein Faschingsscherz? Ein „Köln" im bayerischen Inntal? Das wollen wir uns erst mal etwas genauer anschauen, bevor wir das glauben. An der Staatsstraße 2089 zwischen Oberaudorf und Kiefersfelden soll dieses Köln liegen. Und wenn das stimmt, dann stellt sich natürlich die Frage, ob hier in der Faschingszeit besonders viel gefeiert wird, besonders ausgelassen, bunt und laut ...

Doch gleich der erste Kölner, den wir treffen, Georg Kloo, schraubt unsere Erwartungen ein wenig herunter: „Na, da geht eigentlich gar nix. Mir san staade Leit. Also vom Feiern her ist hier weniger los." Und Elfriede Leitner erklärt uns, dass ausgerechnet in Köln der Frohsinn überhaupt nicht daheim ist: „Also im Ortsteil Köln gibt's nix, aber in Kiefersfelden und Oberaudorf wird scho Fasching g'feiert."

Nix los in Köln. Während am Rosenmontag am Rhein die Karnevalisten regieren, bleiben die Straßen im oberbayerischen Köln leer. Immerhin haben die Kölner wegen der Namensgleichheit schon mal einen richtigen Presserummel erlebt. „Ja, das hat die Bildzeitung mal g'macht. Die warn da – vor so ca. 30 Jahr – für eine Reportage. Und die ist dann in der Kölner Ausgabe erschienen."

130 000 Wohngebäude stehen in Köln, also im großen Köln am Rhein natürlich. Im Westentaschenköln gibt's gerade mal 6 Häuser. Dom haben s' auch keinen. Dafür hat quasi jeder Kölner eine eigene Theorie, wie Köln (also das bayerische) zu seinem Namen kam. Zum einen heißt es, „der Pfarrer Bauer, der war hier so eine Art Historiker, und der hat gemeint, das käme vom Wort ‚Quellen'." Einen weniger feuchten, viel mehr feurigen Zusammenhang vermutet dagegen zum Beispiel Elfriede Leitner: „Vielleicht hat's mit den Kohlenbrennern zu tun ...?"

Also was jetzt? Von den Quellen oder den Köhlern? Wir holen uns Verstärkung: Verkehrsamtsleiter Werner Schroller. Der kennt sich aus mit dem Namen. „Also unser Köln kommt vom römischen ‚colonia', einem Wort für ‚Siedlung'. Man nimmt an, dass um 170 nach Christus bereits die Römer hier waren, eine römische Soldatensiedlung."

Aha. Die Römer waren hier, nicht die Rheinländer. Also sagen wir „Ciao!", verkneifen wir uns ein „Kölle Alaaf!" und verlassen Köln (in Bayern) wieder. Denn noch vor dem nächsten Fasching wollen wir nach Mainz (in Bayern) – mal schauen, wie dort so gefeiert wird ...

Im Landkreis Bamberg liegt inmitten lieblicher fränkischer Höhenzüge ein kleiner Ort, der seinen Namen wahrlich nicht verdient hat: „Kotzendorf". Ein unschöner Name für ein Dorf mit schönen, stattlichen Häusern. Die ungefähr 300 Kotzendorfer und Kotzendorferinnen aber gehen recht gelassen mit ihrem Ortsnamen um. Georg Schrenker zum Beispiel erzählt: „Wenn man wem sagt, wo man her ist, eben aus Kotzendorf, dann fragen viele erst mal: ‚Wie? Und wie schreibt man das?' Dann sagen wir: ‚Wie Kotzen und hintendran noch Dorf, ganz einfach.'"

Haltung zeigen, darum geht's. Gerhard Grasser, ebenfalls von hier, sagt: „Die Menschen lachen über unseren Ort. Aber wir machen uns nix mehr draus." Nur Silvia Schrenker ist da radikaler: „Mir g'fällt der Name ‚Kotzendorf' eigentlich nicht so. Wenn's umgeändert würde: Ich hätte nix dagegen."

Den Namen des eigenen Dorfes umändern? Aber dann müsste man ja auch das Feuerwehrhaus neu streichen und das Feuerwehrauto neu beschriften. Vorher aber wissen vielleicht die Kotzendorfer Feuerwehrler, woher der etwas anrüchige Name denn nun kommt? „Früher soll des ‚Kunnemannsdorf' oder so ungefähr geheißen haben", erfahren wir dort. Allerdings kollidiert diese Theorie mit denen der anderen Kotzendorfer, denn Georg Schrenker meint: „Das kommt von ‚Kosendorf', und durch die Jahre ist das immer mehr zu ‚Kotzendorf' umgewandelt worden."

Kosendorf? Das klingt doch schon sehr viel netter. „Kosendorf" klingt geradezu sympathisch, so dass vielleicht keine Umbenennung der goldene Weg wäre, sondern eine Rück-Benennung? Doch leider: Die Wahrheit, sagt Namensforscher Joachim Andraschke, hat mit einem „Kosendorf" nichts zu tun. Dafür bietet Andraschke gleich zwei Versionen für die Herkunft des Kotzendorfer Ortsnamens: „Die erste Version ist, dass es sich von einem Rufnamen herleitet, dem althochdeutschen Rufnamen ‚Chozzo'. Version zwei: Es kommt vom althochdeutschen ‚Chozze' in der Bedeutung von ‚kleine Hütte'."

Dabei – so klein sind sie gar nicht, die stattlichen Hütten im hübschen Kotzendorf inmitten lieblicher fränkischer Höhenzüge ...

Eine Landstraße in der Nähe von Mainleus bei Kulmbach. Dank Navigationsgerät findet man heutzutage auch die kleinsten Orte. Zum Beispiel: Krötennest im Frankenwald. An dieser Straße, mitten im Wald, wo niemand einen Ort vermutet, liegt er seit 1655, dieser – trotz seines etwas abschreckenden Namens – idyllische Weiler. Vier Häuser, zehn Bewohner. Darunter zwar kein romantischer Märchen-Froschkönig, dafür aber nette Menschen wie Sylvia Gumbrecht mit Laurin oder Ralf und Hugo Haller.

Sie alle haben so ihre Erfahrungen mit ihrer ungewöhnlichen Adresse gemacht. Sylvia Gumbrecht zum Beispiel wurde schon oft gefragt, „ob das überhaupt ein Ort ist, weil's ja wirklich nur vier Häuser bei uns gibt. Selbst die Leut' hier aus der Gegend kennen's oft gar ned."

Kröten sind vielen Menschen eben unheimlich. Aber woher kommt er wohl, der Name „Krötennest"? Ralf und Hugo Haller haben eine Vermutung: „Erstens gibt's hier einen Haufen Frösche! Früher sogar noch mehr: Wo heute unser kleiner Teich ist, da war früher ein großes Sumpfgelände." Einmal habe es sogar ein Jahr gegeben mit so vielen Fröschen und Kröten, dass sie morgens in den Schuhen waren, die unvorsichtige Krötennestler vor die Tür gestellt hatten. Das war dann eine unangenehme Situation für beide, Mensch wie Kröte ...

Nur: Teiche und Sümpfe gibt es ja auch bei anderen Dörfern, und die heißen deswegen noch lange nicht alle „Krötennest". Ralf und Hugo Haller haben darum noch eine zweite Theorie: „Die Alten haben g'sagt, dass es hier einen Felsen gibt, der ausschaut wie eine Kröte." Im nahen Sumpfgebiet machen wir uns auf die Suche – und tatsächlich: Einer der Felsen dort sieht aus einer bestimmten Perspektive aus wie ...

Aber ein Beweis ist auch das nicht. Wir lassen nicht locker und fragen Archivar Jürgen Müller aus Mainleus, ob nicht doch ein Froschkönig – aber nein: „Der Name kommt aus dem Mittelhochdeutschen ‚grothe' oder ‚Grotte', das steht für ‚Kröte', und er erklärt sich wahrscheinlich aus einem Rückzugsgebiet für Kröten, die hier in einer schlammigen sumpfigen Gegend am hiesigen Bach gehaust haben."

Also doch: Die Kröte ist schuld am „Krötennest". Und wer weiß: Vielleicht wohnt ja irgendwo hier in der Nähe doch noch ein verwunschener Prinz?

Kümmel, das weiß jeder Koch, ist ein Doldengewächs, dessen Samen als Würze dienen. Kümmel, das wissen die wenigsten, ist ein kleiner Ort im Landkreis Lichtenfels in der Nähe von Bamberg. Am Ende eines kleinen Tals leben um die 60 Einwohner, es gibt hier eine Kapelle, zwei Dorfbrunnen und viele schöne Fachwerkhäuser.

So weit, so gut. Allerdings: In Sachen Ortsnamenkunde sind die Kenntnisse mancher Kümmeler eher kümmerlich. Also: Wieso heißt der Ort wie das Gewürz? Wir versuchen's bei Sofie Seelmann: „Naa, also ich weiß des ned." Und Baptist Hagel, der Nüsse, Eier, Kürbisse und Äpfel verkauft, nur keinen Kümmel – was vermutet er? „Des weiß ich ned, so weit hab' ich noch ned nachg'forscht."

Familie Hornung hat zumindest eine Ahnung, wieso Kümmel so einen lustigen Ortsnamen hat: „Vom Gewürz wahrscheinlich, draußen auf den Wiesen." Aber: Kümmel wurde früher vor allem in Klostergärten angebaut, und in Kümmel gibt's kein Kloster. Aber ein Gasthaus „Im Grünen", wo man sich auch mal einen flüssigen Kümmel bestellen kann. Und Wirtin Rita Lohneiß kennt sich eh aus mit Kümmel: „Kümmel hat's früher bei uns sehr viel gegeben. Mir haben immer unsern Kümmel selber gebaut. Sehr viel Kümmel. Es gibt aber auch noch ein Kümmel bei Hannover!"

Hannover, vielen Dank. Uns interessiert jetzt nur das bayerische Kümmel, und drum fragen wir einen der Gäste, ob er uns nicht helfen kann, diesem Namen auf den Grund zu gehen: „Das kommt vom Keltischen, weil da war eine Keltenburg, da oben." Die Kelten, so viel steht wahrscheinlich für jeden fest, der jemals nach Ortsnamen geforscht hat, sind immer für eine Erklärung gut.

Wir wollen's aber genauer wissen – und fragen einen, der sich besonders um Kümmel kümmert, Bürgermeister Bernhard Kasper. Er weiß Bescheid: „Kümmel kommt aus dem Germanischen, vom germanischen Begriff ‚kumela'. Das bedeutet so viel wie Klinge oder Taleinschnitt – und hier liegt eben Kümmel."

Ob aber in Tälern Kümmel nun gut gedeiht oder schlecht, und ob die Kümmelerinnen und Kümmeler ihren Schweinsbraten mit besonders viel Kümmel mögen oder nicht – das können wir hier leider nicht klären …

In Lachen im Unterallgäu wohnen 670 Männer und 645 Frauen. Hier gibt es ein baufälliges altes Feuerwehrhaus und ein nigelnagelneues Feuerwehrhaus. Selbstverständlich gibt es auch eine barocke katholische Kirche – obwohl die Hälfte der Bewohner Protestanten sind. Und es gibt den Josef Diebolder, katholisch, zwei Kinder – der sagt uns, wo der Name herkommt: „Wir sind eine Gemeinde mit 1400 Einwohner, wir haben sehr viele Ortsteile drumrum, und das Zentrum ist Lachen. Lachen hat eine schöne Kirche, schöne Leute und die sind alle recht lustig und daher, sagen wir, kommt der Ortsname ‚Lachen'."

Lustige Leute in Lachen? Fragen wir mal den 1. Bürgermeister Herbert Rabus, ob's stimmt: „Nein, es wird auch nicht mehr gelacht als in anderen Gemeinden. Wir haben zwar viele Veranstaltungen und viele Vereine. Aber da wird auch nicht mehr gelacht als anderswo."

Wie eine Kaugummiblase zerplatzt die Idee, Lachen könnte vom „Lustigsein" kommen. Woher dann, Franz Diebolder? „Das kommt nicht von Lachen, das kommt von einer großen Wasserlachen."

Von einer großen Wasserlachen? Ach so, aha. Große Seen gibt es hier aber keine. Fragen wir also lieber in der Bäckerei nach, ob das mit den Wasserlachen stimmen kann. Und tatsächlich, aber andererseits: „Der Boden war hier immer sehr lehmig, und deshalb hat man gesagt, gibt es sehr viele Lachen ... Aber ansonsten ist das hier vor allem ein Ort, wo man einfach immer fröhlich ist. Und drum heißt der Ort ‚Lachen'."

Lachen-kichern-prusten oder Wasserlache-Pfütze? Die 100-prozentige Lösung weiß nur Heimatpfleger Uli Braun: „Der Begriff ist ein topographischer Begriff. Dieser tiefergelegene Platz war stets feucht, und der 1150 zum ersten Mal erwähnte Ort ‚Lachhuhn' ist die Stammwurzel dieses heutigen Ortsbegriffes ‚Lachen'. Das wandelt sich dann zu ‚in der Lachen' und aus dem topografischen Begriff ‚in den Lachen', der das Feuchtgebiet bezeichnet, entsteht dann der heutige Ortsname ‚Lachen'."

„Lachhuhn" – Lache – Lachen, das klingt eindeutig nach Feuchtgebieten!

Und trotzdem: Irgendwo in Bayern gibt es sicher auch noch den Ort „Weinen", aber das ist eine andere Geschichte ...

Zur Gemeinde Eckental im Landkreis Erlangen-Höchstadt gehört der kleine Ortsteil Mausgesees. „Mausgesees“? Wir horchen einfach mal dem Klang dieses Namens nach – und kommen zu der Vermutung, die Mausgeseeser Bürger haben es sicher manchmal nicht einfach mit dem Namen, oder Fritz Nützl? „Ja, da machen schon manche ihr Spässla manchmal ...“

Und Grete Lutz erzählt: „Ich weiß von meiner Tante, die wenn im G’schäft g’fragt worden ist in Nürnberg, wo sie denn im Urlaub war, dann hat sie immer g’sacht ‚in Mausgesees!‘. Und das hat sie g’sacht, einfach weil des niemand kannte.“

Urlaub in Mausgesees! Ein verlockender Gedanke. Doch wir sind ja hier, um zu ergründen, wie Mausgesees zu seinem Namen kam. Etwas abseits liegt ein Pferdehof. Mäuse scheint’s hier genug zu geben, denn die Katzen schauen nicht gerade verhungert aus. Und der Ortsname? „Vielleicht weil’s so ein kleiner Ort ist“, erfahren wir, „so ein winzig kleiner – vielleicht wie ein Mäusenest ...“ Und noch eine andere Theorie bekommen wir hier zu hören: „Mausgesees soll angeblich davon kommen, weil der Ort hier von Mäusen unterwühlt ist. Von Wühlmäusen – also da soll das herkommen ...“

Ach was, von Wühlmäusen ist hier nichts zu sehen in den Gärten der Mausgeseeser. Dafür allerlei anderes Getier – so viel Geflügel, dass „Entenhausen“ der passendere Name wäre ...

Wir forschen weiter, und tatsächlich hat Grete Lutz eine Theorie: „Ja, der Name soll abstammen von Adligen.“ Was? Wie soll man sich das vorstellen? Dass die dann zum Beispiel „Baron zu und auf Mausgesees“ geheißen haben? Aber irgendetwas scheint dran zu sein, auch Manfred Freund hat Vermutungen in diese Richtung: „Hier in Mausgesees gibt’s einen Bauernhof, auf dessen Grund stand mal ein Schloss, ein Wasserschloss.“

Einen großen Gutshof gibt’s tatsächlich in der Mitte von Mausgesees. Aber ob der Name wirklich hier seinen Ursprung hat, muss uns jetzt der Bürgermeister aus Eckental sagen, Wilfried Glässer. „Nach allem, was wir dazu wissen, leitet der Name sich wohl ab von dem Namen ‚Mouso‘. Er hat also mit ‚Maus‘ nichts zu tun. Das wäre der erste Teil des Namens. Der zweite Teil ‚Gesees‘ bedeutet ‚Sitz‘. So dass man wohl annehmen muss, dass hier früher mal der Sitz eines Herrn Mouso war.“

Aha, „Mäusehintern“ Fehlanzeige. Da sind wir in gewisser Weise beruhigt ...

Der erste Gedanke ist der an eine große, nette Mäusefamilie, die hinter ihrem Mausloch in der Wand ihre kleine, süß eingerichtete Wohnung hat – zugegeben: Es ist eine Vorstellung aus der Welt der Comics. Der zweite Gedanke ist dann: Ein Ort, in dem es von Mäusen nur so wimmelt, ein Paradies für Katzen und eine Katastrophe für alle Getreidevorräte.

Was davon auf unser „Mausloch" bei Bayersbach im Landkreis Landshut zutrifft und daher vielleicht für diesen Namen verantwortlich ist, das wissen wir noch nicht. Erst mal suchen wir auch nicht nach Mäusen, sondern nach den Menschen in Mausloch. Und das sind vor allem die Auflegers. Zum Beispiel Elisabeth Aufleger, die immer wieder die Erfahrung gemacht hat, dass ihr diese Adresse einfach nicht geglaubt wird: „Manchmal vermuten die Leute, dass man sie verarschen mag. Die sagen: ‚Mausloch, so einen Ort gibt's ned!' – und ich hab darum schon öfters meinen Ausweis herzeigen müssen."

Die Mauslöcher in Mausloch wohnen natürlich nicht tief unter der Erde sondern in vier richtigen Häusern. Von denen sind noch zwei Bauernhöfe. Die anderen Mauslöcher arbeiten bei einer Autofirma. Nachtschicht. Klar: Mäuse sind ja auch nachts aktiv! „Mäuse sind wahrscheinlich auch bei uns immer irgendwo unterwegs", sagt Johann Aufleger, „aber auch nicht mehr wie woanders."

Nur: woher der Ortsname „Mausloch" nun kommt? Die Frage ist für Elisabeth Aufleger zumindest nicht neu. „Wir haben auch schon mal nachgeforscht bei der Gemeinde. Weil: Eigentlich ist der Ort hier ja nicht in einem Loch drin, sondern liegt im Gegenteil ganz idyllisch auf dem Berg heroben."

Idyllisch ja. Aber eine Lösung für unsere Frage ist auch das nicht. Also löchern wir Heimatpfleger Helmut Siegl so lange mit „Mausloch", bis er uns das Ganze erklärt: „Wie das Land hier vermessen wurde und die fränkischen Vermessungsbeamten hierherkamen, da fragten sie: ‚Wie heißt dieses Gebiet hier?' Und dann sagten die Einheimischen, ‚des is d'Mauslou'. ‚Mauslou' oder ‚Mooslou'. Und der Beamte hat das aufgeschrieben, wie er's gehört hat, und hat aus dem Moor oder Moos ‚Lohe' ein ‚Mausloch' gemacht."

Jetzt könnte man natürlich sagen: Warum ist die bayerische Regierung auch so dumm, fränkische Vermessungsbeamte nach Niederbayern zu schicken? Aber andererseits: Viele der lustigsten und fantasievollsten Missverständnisse, die heute unsere Ortsschilder im ganzen Land bereichern – hätten ohne solche Sprachprobleme nie stattgefunden ...

In Mittelfranken gibt's einen Ort, dessen Name das Herz eines jeden Osterhasen höher schlagen lässt: „Möhren"! Nur: So schön der Name auch ist, er wirkt hierzulande doch ein wenig fehl am Platz, oder? Denn wer sagt in Bayern schon „Möhren" zu unseren Karotten? Und heißt nicht in Mittelfranken dieses wunderbare G'müs sowieso „gelbe Rüben"?

Mitten in Möhren treffen wir Karl und Maria Kugler, große Möhrenliebhaber: „Ja gelbe Rüben, die san gut. Aber die wachsen bei uns ned so arg." Trotzdem knurrt uns jetzt schon der Magen. Wir fragen den Wirt vom Gasthof „Grüner Baum", Erwin Wagenheimer, was denn die Möhrener gern bestellen: „An Schweinebraten, an Sauerbraten, Schweinshaxn – und saure Bratwurscht mögen s' auch gern."

Tja dann – ach so, erst müssen wir ja rausfinden, wie Möhren zu seinem Namen kam. Fest steht, dass Möhren bereits 899 urkundlich erwähnt wurde. Aber was wissen die Möhrener noch über ihren Namen? Karl und Maria Kugler haben eine Theorie: „Das kommt her von die ‚Grafen vom Mehren'. Aber eben mit ‚e'." Und Ernst Zäh sagt uns: „‚Merren'! Der Ort hier hat ganz früher ‚Merren' geheißen, glaub ich. Vom Schloss her. Aber wie das genau entstanden ist, das weiß i ned!"

Ein Graf „Mehren" oder „Merren" – vielleicht eine heiße Spur. Wir klettern zum Schloss oberhalb von Möhren und befragen Schlossherrn van Klaveren, übrigens ein „Zugroaster". „Möhren ist etwas zu essen? Vielleicht haben die hier früher Möhren verbaut, ich weiß es nicht. Nein! Ich weiß es nicht."

Holländer haben eben nur Gemüseanbau im Kopf! Drum bitten wir zu guter Letzt Bürgermeister Wolfgang Herrmann und Ortssprecher Johann Kobras um Hilfe bei der Möhrenforschung. Die sind sich nicht ganz einig, Wolfgang Herrmann sagt uns: „Ursprünglich kommt ‚Möhren' von ‚Meren' mit ‚e' geschrieben. Und ‚Meren' ist in der Übersetzung als ‚schöner Ort' zu bezeichnen." Johann Kobras präsentiert noch eine zweite Theorie: „Früher gab es in Möhren mehrere Burgen, mehrere Burgherren, also in Anführungszeichen ‚mehr Herren', die hier quasi regiert haben. Und aus dem ‚mehr Herren' ist dann ‚Möhren' geworden."

Mehrere Herren, die sich an diesem schönen Ort nicht einigen konnten und drum allesamt „Möhren" genannt wurden – das muss ja eine rechte Gurkentruppe gewesen sein. Wie gut, dass sich die Verhältnisse stabilisiert haben – und dass unsere gelben Rüben nur noch Karotten heißen. Oder halt umgekehrt …

Motzenhofen, Gemeinde Hollenbach. Das ist zwar in Schwaben, und die Schwaben sind ja im Allgemeinen friedliche Leut' – aber dieser Ort klingt trotzdem nach Nörgelei, Granteln und Geschimpfe. Hier gibt's eine große Kapelle, eine kleinere Kapelle und ein Neubaugebiet. Da fangen wir an und machen mal eine Umfrage, vielleicht weiß ja gleich hier jemand was Genaueres über die Herkunft des Ortsnamens? Nein, Fehlanzeige: „Im Prinzip weiß ich das eigentlich nicht, weil ich ein Zugereister bin." – Und: „Ich weiß nicht genau, wo das herkommt, ich weiß nur, dass es nicht von ‚Motzen' im Sinne von Schimpfen kommt ..."

Lauter Zug'roaste im Neubauviertel, und – wir wollen ja nicht motzen, aber denen hätte man bei der Einbürgerung hier auch ein bisserl was über den Ort erzählen können. Wir fragen ein paar Buben, die wir auf der Straße treffen: Motzenhofen, das lernt man doch sicher in der Schule, in Heimatkunde, woher der Name kommt, oder? Leider wieder Fehlanzeige: „Pfffffmm." – „Na."

Jetzt müssen die alteingesessenen Motzenhofener ran. Was wissen Sie, Jakob Weiß? „Also ich habe einmal was g'lesen, dass Motzenhofen früher mal ‚Motzenbach' oder so ähnlich g'heißen hat, aber ich weiß ned genau, wo der Name herkommt."

Sehr klar ist diese Information auch nicht. Und nachdem unsere kleine Umfrage nichts ergeben hat und die Schulkinder auch nichts wussten, nun das! Also da könnte man sich doch gleich aufregen! Das ist doch immer das Gleiche! Da will man nur eine ganz simple Information! Und was bekommt man? Bisserl was, aber nie was Genaues! Irgendwie glauben wir inzwischen eh, dass der Name von „motzen" kommt. Hier kommt noch einer aus der Schule, der weiß sicher auch nix – also? „Hier waren mal die Höfe von einem, der hat irgendwie wie ‚motzen' geheißen. So ein Fürst oder so was in der Art."

Aber hallo! Da hat ja einer in der Schule richtig aufgepasst. Und Heimatpfleger Michael Schmidberger weiß es noch genauer: „Hier hat um das Jahr 1000 ein Adeliger gesiedelt, der den Namen ‚Motzo' oder ‚Mazzo' hatte. Und so bedeutet der Name Motzenhofen, der in zwei Bestandteile zerfällt, also ‚bei den Höfen des Mazzo oder des Motzo'."

Jetzt sind wir baff. Motzen kommt nicht vom Nörgeln und Granteln. Und jetzt am Ende kamen die Informationen doch ganz problemlos. Man muss halt nur ein bisserl schimpfen ...

Biegt man nach Miesbach in Oberbayern links ab, kommt man direkt nach „Müller am Baum“. Für einen Ortsnamen ist das recht kompliziert. Wie geht man denn damit im Alltag um? Ganz einfach, sagen Ella und Josef Rinshofer: „Mir sagen ja gar nicht ‚Müller am Baum‘, mir sagen ja einfach ‚Baum‘. Genauer gesagt: ‚Baam‘!“

Grüß Gott in „Baam“ also. Hier leben die Müllerinnen und Müller am Baum. Früher stand hier eine Papierfabrik. In den alten Werkswohnungen wohnen noch immer ehemalige Mitarbeiter. Doch die Fabrik ist seit 1997 geschlossen. Die Papiermaschinen wurden abgebaut und nach Indien verschifft. Von Müller am Baum in die weite Welt sozusagen. Eine eher traurige Geschichte.

Lustig findet dagegen die weite Welt diesen Ortsnamen, zumindest verwunderlich, oder, Theres und Otto Kirchmair? „Ja, die sagen oft, wenn man weiter weg telefoniert: ‚Wo ist denn das? Und heißt das wirklich Müller am Baum?‘ Und einmal haben mir welche am Telefon gesagt, ‚bei euch hängt wohl ein Müller am Baum?‘ Das haben die wirklich zu mir gesagt!“ Auch Richard Ludl ist schon mit eher düsteren Nachfragen konfrontiert worden: „Mir ist es schon mal passiert, dass ich gefragt worden bin, ob des was mit Suizid zu tun hat. Na, hab ich g’sagt.“

An eine Reaktion mit deutlich weniger schwarzem Humor erinnern sich die beiden Rinshofers: „Da hat’s doch mal die ‚Quick‘ gegeben, die Illustrierte. Da ist als Vermutung gestanden, ein Herr Müller habe hier schnell austreten müssen und is hintern Baum gegangen, und daher käme der Name ‚Müller am Baum‘.“ Na ja, was halt alles in den Illustrierten steht ...

Aber eins ist klar: Ein Müller muss hier gelebt haben, am Wasser, das sehen auch Theres und Otto Kirchmair so: „A Mühl is da hinten. Die alte Mühl neben dem Kanal. Des Haus, was schon am Zamfallen is, neben der Brucken. Da war die Mühle.“ Müller und Mühle. Passt zusammen. Und wie jetzt noch die Mühle zum Baum kommt, weiß der Stadtarchivar von Miesbach German Hofäcker: „Der Name Müller am Baum kommt daher, dass hier die Straße über die Mangfall gegangen ist. Und hier an der Brücke, wo die Mühle stand, war damals mit Sicherheit ein Schlagbaum.“

Vom Schlagbaum kommt’s. Aha. Hätten wir uns ja denken können, wo die Leut hier diesen schönen Namen ohne mit der Wimper zu zucken aufs Allerwichtigste und Wesentliche reduzieren – und das ist eben: „Baam“!

München, die Weltstadt mit Herz? Blödsinn. München, die Schickimicki-Hochburg? Schmarrn. München, das Millionendorf? Dorf schon – aber Millionen? In Wahrheit leben in München nämlich gerade mal 145 Menschen, keiner davon ist ein „Schickimicki", und für eine Weltstadt ist München dann doch ein bisserl klein. Es liegt auch nicht an der Isar, sondern – etwa 25 Kilometer von Passau entfernt – im Ilztal im Bayerischen Wald. Und die Münchner hier sagen nicht „Minga" zu ihrer Heimatstadt wie die Oberbayern, sondern „Minicha".

„Unser München, das ist älter wie die Hauptstadt München", erzählt Josef Pretzer, ein waschechter niederbayerischer Münchner. Und Martin Grünberger weiß es noch genauer: „Mir ham an Hauptlehrer gehabt in der Gemeinde, der hat die Nachforschung gemacht, dass wir 400 Jahre älter als die Landeshauptstadt sind!" Also über 1200 Jahre alt! Und trotzdem ist das andere, das größere München weltberühmt geworden, während das Passauer München kaum einer kennt – eigentlich ungerecht.

Aber bei der Frage, woher der Ortsname kommt, hilft uns Lamentieren auch nicht weiter. Also, Feuerwehrkommandant Heinz Vogl – warum heißt München (Niederbayern) genauso wie München (Oberbayern)? „Der Ortsname kommt von ganz früher, von den Mönchen. Die Ilz war nämlich sehr reich an Perlmuscheln, da sind die Mönche gekommen und haben Perlen gefischt und haben sich hier niedergelassen. So ist München entstanden." Bloß: Was haben die Mönche dann mit den vielen Perlen gemacht – sich Schmuck draus gebastelt? Dem Vatikan geschenkt? Wir wissen es nicht.

Aber wir wissen was anderes: dass nämlich Prag nur eineinhalb Kilometer von München entfernt ist. Also: das niederbayerische Prag vom niederbayerischen München. Ja, zwei Weltstädte so nah beieinander – das gibt's nur im Bayerischen Wald ...

Oberbayern am Irschenberg. Hier liegt ein Ort, der einmal im Jahr seinen ganz großen Tag hat. Denn am 6. Dezember wird der Namenspatron der Dorfkirche gefeiert. Genau, wir sind heute in „Niklasreuth".

Und in so einem Ort ist es natürlich kein Wunder, dass hier ganz viele Nikoläuse anzutreffen sind, also Jungs und Männer, die „Nikolaus" heißen. Einer von ihnen hat nicht nur Nikolaus als Vornamen, er hat den Krampus gleich im Nachnamen dabei: „Genau. Nikolaus Rupprecht heiß ich. Sankt Nikolaus und Knecht Rupprecht!"

Jetzt müssten wir nur noch wissen, woher Niklasreuth seinen schönen vorweihnachtlichen Namen hat. Wir fragen einfach mal den Wirt vom Gasthof Jost. „Ja, ‚Niklas' kommt vom Kirchenpatrozinium, vom Nikolaus halt. Und ‚Reuth', das kommt vom Roden, es heißt, dass hier mal alles abgebrannt wurde oder die Bäume gerodet wurden. Und da kommt ‚Niklasreuth' her."

Eine Legende besagt, dass hier in Niklasreuth der Heilige Nikolaus tatsächlich mal vorbeigeschaut hat. Aber das muss schon etwas her sein, denn Sankt Nikolaus hat im vierten Jahrhundert gelebt, und ein bisserl Fußmarsch muss das schon auch gewesen sein von Kleinasien bis in den Landkreis Miesbach ...

Egal, im Dezember wird er gefeiert, Sankt Nikolaus, der Schutzpatron der Kinder. Und der Seefahrer übrigens auch. Und außerdem noch Schutzpatron der Händler und Ministranten. Und der Kaufleute und Juristen, der Pillendreher, Gefängnisaufseher, Fuhrleute, Salzsieder, Pfandleiher, Studenten und der Metzger. Das alles (und noch mehr) kommt daher, dass es über den Heiligen Nikolaus und seine Taten so viele Legenden gibt, wie sonst über kaum einen Heiligen.

Damit wir hier aber nicht nur Legenden erzählen, sondern harte Fakten über die Herkunft des Ortsnamens Niklasreuth liefern, befragen wir Heimatforscher Martin Obermaier: „Man weiß, dass Niklasreuth eine Rodung aus der Zeit der zweiten Rodungsperiode ist. Die war im 11. und 12. Jahrhundert – und zu dieser Zeit der Ortsgründung war im Abendland der Heilige Nikolaus nun mal einfach der beliebteste Heilige überhaupt."

Nikolaus. Sozusagen der Modeheilige des Hochmittelalters – und noch heute gerade für die Kinder aus der Vorweihnachtszeit nicht wegzudenken. Und das nicht nur in Niklasreuth ...

Am geografischen Mittelpunkt von Ober-, Mittel- und Unterfranken steht ein Mast mit rot-weißer Fahne, die stolz im Winde weht. Hier, im Landkreis Erlangen-Höchstadt, schlägt sozusagen das Herz Frankens. Hier ist aber auch der Schenkel Frankens, genauer: der „Ochsenschenkel“ – so heißt nämlich der kleine Ort im Norden von Vestenbergsgreuth, auf dessen Gemarkung der Mittelpunkt von ganz Franken liegt. Übrigens mitten im Wald.

Und in den Wald kommt man auch, wenn man nach der Herkunft dieses wuchtigen Ortsnamens forscht: Die erste Ochsenschenklerin, die wir hier antreffen, hat zwar keine Ochsen im Stall, sondern nur eine Handvoll Hühner, glaubt aber trotzdem an einen Zusammenhang zwischen Name und Tier: „Früher haben mal welche erzählt, dass der Ort die Form von einem Ochsen hätte.“ Na, wenn das die Flurbereinigung erfährt …

Landwirt Bernhard Dürr, der zwar auch keine Ochsen, aber immerhin noch ein paar Kühe im Stall hat, kennt dagegen eine Variante mit deutlich kriminellem Hintergrund: „Früher hieß es immer, dass im Dreißigjährigen Krieg hier mal im Wald Ochsen g'schlachtet worden sind. Und dabei seien dann ausgerechnet die Schenkel g'stohlen worden.“

Und Version Nummer drei hören wir von der Ochsenschenklerin ein Haus weiter: „Des hab' ich in der Schul' g'lernt, dass da ein Feld war, das die Größe von einem Ochsen g'habt hat. Dann haben s' den Ort einfach ‚Ochsenschenkel' genannt.“

Nun ja. Manche Theorie passt wirklich auf keine Kuhhaut. Es gibt 60 Ochsenschenkler und Ochsenschenklerinnen, und langsam beschleicht uns der Verdacht, dass jeder eine andere Ortsnamen-Geschichte zu erzählen hat – und in jeder kommt mindestens ein Ochse vor.

Drum fragen wir gleich mal den Kreisheimatpfleger Dr. Manfred Welker. „Wir befinden uns hier im Steigerwald, also einer sehr bewaldeten Region. Und man hat hier eine Rodung angelegt, die offensichtlich die Form eines Ochsenschenkels hatte. Daraus resultiert dann der Name zur Unterscheidung von anderen Ortschaften der Region.“

Irgendwie ist also ein Ochse schuld dran – wir hatten es geahnt …

Was haben bayerische Dörfer und Gemeinden nicht oft für schwierige Namen: „Weichenwasserlos" zum Beispiel, oder „Ursulapoppenricht". Sehr lustig zwar, aber auch ziemlich kompliziert und nicht ganz leicht zu merken. Da ist es doch ganz schön, dass es manche Orte etwas simpler angehen – Orte wie Ort zum Beispiel. Also, wie der Ort „Ort". Ja: dieser Ort heißt einfach „Ort". Punkt.

Er liegt im Bayerischen Wald, im Landkreis Freyung-Grafenau. Und die Ortsbewohner, die „Orter", haben's mit ihrem einfachen Ortsnamen nicht immer ganz einfach. Konrad und Christl Gibis: „Wenn man irgendwo seine Adresse reinschreiben soll, dann steht da im Formular ‚Ort' – und wir müssen wieder ‚Ort' dahinter schreiben." Auch Anton und Brigitte Knaus haben schon oft seltsame Situationen erlebt, wenn man sie irgendwo nach ihrem Ortsnamen fragte: „Dann sagen s': ‚Ja, was für ein Ort?' Dann sagen wir halt: ‚Ort.' Dann sagen die: ‚Ja, Straßennamen oder Ort?' Und wir: ‚Na, Ort. Ort is' Ort'!" Im Ort „Ort" gibt's übrigens keine Straßenbezeichnungen, in Ort ist alles Ort. Und Ludwig Weber findet's gut so: „Mir ham keine Straßen, wir wehren uns auch gegen Straßen, weil: Dann verlieren wir die Identität. Dann gibt es keinen Ort mehr!" Das muss man nicht unbedingt verstehen, zeugt aber von gesundem Selbstbewusstsein der Orterinnen und Orter.

Aber wissen die auch, warum ihr Ortsname so kurz, scheinbar austauschbar, aber letztlich doch ziemlich einzigartig ist? Die Heimatdichterin Resi Schandra vermutet: „Ich erklär' des halt so, dass des einfach ein paar Häuser g'wesen sind. Und dann hat's geheißen: ‚Des is' der Ort vor Freyung', also vor der größeren Stadt. Anders kann ich's nicht erklären." Klingt vernünftig. Aber was ist der wahre Grund?

Da muss jetzt Hanns Gruber ran, der Kreisheimatpfleger – er hat in einer Chronik nachgelesen: „Ort ist mehr oder weniger am Rande genannt, des waren damals noch so wenig Häuser, dass man keinen Ortsnamen g'habt hat, und deswegen hat man dann einfach g'sagt: Ort."

Also meine Herren – wenn das alle so machen würden? Dann gibt's sicher bald irgendwo in Bayern auch ein Dorf „Dorf" ...

Das Leben in Osterdorf stellen wir uns zunächst mal so vor: Jeden Morgen erst mal Ostereier suchen. Auf dem Weg zur Messe langsam fahren, um keinen der vielen Hasen zu überfahren. Den ganzen Nachmittag lang Eier bemalen. Und jeden Abend: Lammbraten als Osterschmaus!

Das wahre Leben in Osterdorf schaut natürlich anders aus. Rund dreihundert Osterdorfer leben hier bei Pappenheim in Mittelfranken, dazu ein paar Katzen, ein paar Hunde – nur ausgerechnet Hasen sind weit und breit keine zu sehen. Vielleicht weil alle waschechten Osterdorfer schon als Kinder in Sachen Langohren traumatisiert wurden. „In der Schul", erzählt uns Hans Halbmeier, „haben sie immer zu uns g'sagt: Seid's jetzt ihr die Osterhasen?"

Was soll man darauf schon antworten? Viel wichtiger ist eh die Frage, die jetzt an den nächsten Osterdorfer geht, der uns über den Weg hüpft: Was wissen Sie über die Herkunft von Osterdorf? Woher stammt der Ortsname? Doch der Stoll Heinz ist ein vorsichtiger Mann: „Ich weiß nix, und bevor ich was Falsches sag: Da sag ich lieber nix."

Gegründet wurde Osterdorf im Jahr 1240, das weiß natürlich jeder hier, „aber mit Ostern", sagt die Anni Boscher, „glaub ich, hat das nichts zu tun." Das wäre aber schade, ein Osterdorf ohne Ostern, wozu sollte das denn gut sein? Aber die Anni weiß noch mehr: „Irgendwie hängt des mit dem Graf Pappenheim zusammen. Treuchtlingen, die waren in Treuchtlingen drüben."

Das wird ja immer seltsamer: In Treuchtlingen soll also der Hase im Pfeffer liegen? Ausgerechnet im Westen von Osterdorf? Jetzt muss einer her, der die Osterdorfer wie seine Pappenheimer kennt, am besten Heimatforscher Eberhard Thielert. Denn der kann uns ganz genau sagen, wie dieses Dorf zu seinem österlichen Namen kam. Also: Ohren lang gemacht und zugehört! „Nach übereinstimmenden Quellen kommt der Name ‚Osterdorf' vom Begriff ‚Osten', von der Himmelsrichtung her. Denn Osterdorf ist ein Ort, der von Treuchtlingen aus besiedelt worden ist. Und wenn Sie auf der Landkarte nachschauen, finden Sie Osterdorf genau im Osten von Treuchtlingen."

Da schau her, nix ist's mit Ostern in Osterdorf. Von „Osten" kommt der Name, genauer gesagt, aus dem Westen, drum fahren wir langsam und auf Hasen achtend weiter Richtung Süden, oder war's doch Norden ...?

Schon das Wort klingt feierlich, nach Prozession und Sonntagsg'wand: „Ostern". Keine Frage, dass dieser Ort hier seinen Namen vom eigentlich zentralen Fest des Christentums haben muss. Auch wenn „Ostern" nur ein kleiner Weiler der Gemeinde Halblech im Ostallgäu ist. In 820 Metern Höhe. Mit gerade mal 5 Häusern und 15 Einwohnern drin.

Schau'n wir mal, ob die Osterner die Herkunft ihres Ortsnamens auch so sehen. Im ersten Haus ist keiner da, das zweite ist ein Bauernhof, da treffen wir auf Martin Kotz. Also, woher kommt der Name „Ostern"? Doch leider: „Das kann ich nit beantworten. Keine Ahnung, ich weiß es nit."

Sollte es tatsächlich so sein, dass nach der Frage, warum Ostern „Ostern" heißt, hier sozusagen einfach kein Hahn kräht? Zum Glück treffen wir Josefine Wörle, die uns erzählt, dass Ostern vor allem zu Ostern heiß begehrt ist: „Ja da kommen viele von den Medien, Rundfunk, Zeitung, Fernsehen. Und auch sonst sind viele Leute da, die mit ihren Kindern herkommen."

Josefine und Josef Kotz sammeln schon seit Jahren Berichte über Ostern, und darin kommen auch die alten Bräuche in Ostern an Ostern vor: „Ja, da veranstalten wir so ein ‚Eierrollen', oder ‚Eierkugalla', wie wir hier sagen. Da nimmt man die Eier, die sind gekocht und ganz bunt, und rollt die den Buchberg runter. Und die Eier, die den ganzen Weg über halten und nicht kaputtgehen, sind dann die Sieger. Und die kaputten Eier tun wir dann schälen, und die werden gleich an Ort und Stelle verspeist."

Jetzt sind wir vom Ernst des Osterfestes doch wieder beim Eiersuchen gelandet. Egal, inzwischen haben wir dafür Bürgermeister Bernd Singer gefunden, der uns ganz genau erklärt, aus welchem Namens-Nest dieser Ortsname stammt:

„Vom Wort ‚Osten'. Denn weil wir uns hier östlich von einem ehemaligen Kultplatz befinden, der auf die Kelten zurückzuführen ist, deswegen kommt dieser Name wohl eher von ‚Osten'. Und das hat sich im Lauf der Jahrhunderte auf ‚Ostern' umgewandelt."

Was für eine Enttäuschung. Nicht nur, dass es bei dieser Erklärung nur um die Himmels-Richtung geht, und überhaupt nicht mehr um das Himmels-Fest! Jetzt steht am Anfang von allem auch noch ein keltischer Kult!

Also der Osterausflug kommendes Ostern nach Ostern ist hiermit gestrichen!

Im Fichtelgebirge, nahe der Autobahn Hof-Regensburg, liegt weithin sichtbar die Burgruine Thierstein. Und in der Ebene darunter der kleine, uralte Ort „Pfannenstiel“. Die Höfe von Pfannenstiel liegen etwas auseinander. Ob einer der gut zwanzig Bewohner eine Ahnung hat, woher der Name kommt? Frau Buhl vielleicht? „Nein, da hab ich keine Ahnung. Was ich mir aber schon mal gedacht hab: Vielleicht, wenn man auf der Burg droben steht, vielleicht schauen die Gehöfte so aus – aber eigentlich kann das auch nicht sein, nein. Ich weiß es ned, wo's herkommt, keine Ahnung.“

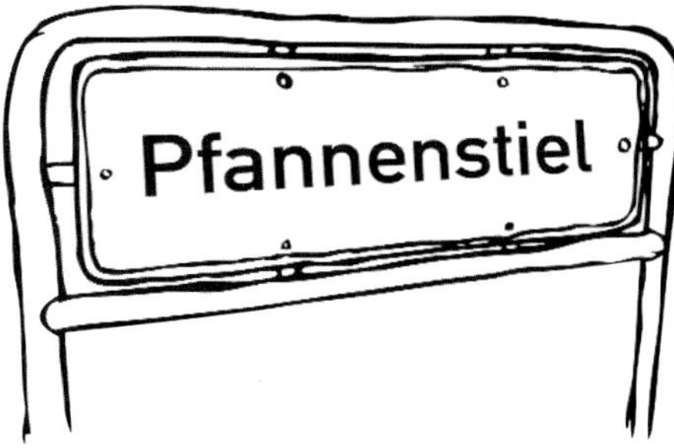

Ein paar Meter weiter im Gasthaus Pfannenstiel ist zwar heute die Küche kalt, aber Willy Küspert, Wirt seit 1964, weiß etwas: „Der Name Pfannenstiel. Ja, das kommt aus schon länger vergangenen Zeiten. Zu Zeiten der Ritter hat man hier Pech gesiedet. Da liegen die Werkzeuge dafür, Pfannen und Pfannenstiele, nahe. Vom Pechsieden her: Pfannenstiel.“

Vom Pechsieden in der Ritterszeit? Das wäre aber schade, wenn der Name nicht von deftigen Mahlzeiten, sondern von der Pechpfanne käme. Wir fragen weiter und versuchen unser Glück einfach mal bei Lydia Marx: „Ich denk mal, dass hier an dieser Stelle früher irgendein Mann war, der irgendwas mit Eisen zu tun hatte, dass der also zum Beispiel Pfannen g'macht hat. Und dann halt immer noch einen Holzstiel dran – und dass deswegen der Ortsname ‚Pfannenstiel‘ draus entstanden ist.“

Also, Pechsieder oder Pfannenmacher? Heimatforscher Dieter Hempel schlägt sich ganz klar auf die Seite der Pfannenmacher-Theorie, denn: „Diese Pfannen kamen aus einem Eisenbetrieb, der im Wald unten im Egertal angesiedelt war. Da gab es Hochöfen und Hämmer. Und hier in der Gegend wurden höchstwahrscheinlich in Heimarbeit die Pfannen mit Stielen versehen und fertiggestellt. Deswegen ‚Pfannenstiel‘.“

Pfannen wurden hier gemacht, dank der Eisenerzvorkommen. Jetzt wissen wir, warum das Fichtelgebirge auch das „Ruhrgebiet des Mittelalters“ genannt wird. Aber ob die in den fertigen Pfannen dann hier auch was Deftiges gebrutzelt haben?

Da müssen wir nun leider doch noch mal zurück zum Gasthaus Pfannenstiel und die Recherche zu Ende bringen …

In der nördlichen Oberpfalz, wenige Kilometer vor der Grenze zu Tschechien, liegt auf dem Fahrenberg zwischen Tannen und Fichten versteckt: „Pfifferlingstiel". Pfifferlingstiel gehört zur Gemeinde Pleystein im Landkreis Neustadt an der Waldnaab. Früh am Morgen machen wir uns auf die Suche nach der Herkunft des Namens. Das kann ja nicht sehr schwer sein, denken wir uns. Der Name kommt ja recht offensichtlich von den „Schwammer", wie die Pilze in der Oberpfalz genannt werden. Findet man denn „Schwammer" im Wald rund um Pfifferlingstiel, Maria und Helmut Siegl?

„Also früher hat's viel Pfifferlinge bei uns gegeben. Jetzt gibt es ja fast nix mehr, grad heuer gibt's ned viel Schwammer. – Ich will welche holen für ein ‚Schwammerbrai', und die mach' ich dann an Heiligabend."

Schade, die „Schwammerbrai", die Pilzbrühe, gibt's offenbar heute noch nicht, dafür nüchterne Informationen von Pfifferlingstielerin Erika Grötsch: „Von die Schwammer kommt der Name nicht, es gibt zwar viele, aber der Name kommt nicht von die Pfifferlinge."

Offenbar wird die schon sicher geglaubte schnelle Lösung immer schwammiger – wir brauchen weitere Hinweise. Gehen die Vermutungen von Elfriede Grötsch womöglich in die gleiche Richtung? „Also das hat irgendwas mit ‚Pfeifer' zu tun. Erst hat's ‚Pfeifferstiel' g'heißen und das ist dann umgewandelt worden auf ‚Pfifferlingstiel'. Genau." Noch mal Erika Grötsch, sie kennt dazu ein paar historische Hintergründe: „In Pfifferlingstiel treffen sich heute noch die Pfeifer, also muss da ganz früher auch schon mal ein Treffpunkt gewesen sein. Und da muss der Name herkommen."

Pfeiffer in Pfifferlingsstiel? Musik statt Schwammer? Johann Walbrunn, Bürgermeister von Pleystein, kennt die Herkunft von „Pfifferlingstiel" ganz genau: „Der ursprüngliche Name wurde 1605 erstmalig genannt: ‚Pfeffersteel', also ein Ort an dem Pfeifer und Trommler zum Tanz aufspielten. Tanz war damals von enormer Bedeutung und fand vor allen Dingen im Freien statt."

So kann man sich täuschen. Die Stelle, wo die Pfeifer spielten, gab dem Ort den Namen, nicht der Pfifferling. Wir hätten eigentlich trotzdem gerne ein paar Pfifferlingstieler Schwammer mit heimgenommen – aber da pfeifen wir nun auch drauf!

Prag, die Goldene Stadt! Prag, die Stadt der 100 Türme! Prag, die uralte Hauptstadt! Kaum eine Stadt auf der Erde wurde häufiger besungen, beschrieben und bejubelt als die Moldau-Metropole. Dabei liegt Prag gar nicht an der Moldau. Es liegt im Ilztal. Das niederbayerische Prag jedenfalls, das Prag ohne Karel Gott und ohne Hradschin – übrigens nur ein paar Kilometer entfernt vom niederbayerischen München. Die beiden Weltstädte im Miniaturformat gehören zum Markt Hutthurm im Landkreis Passau.

In unserem, dem kleinen Prag mit seinen etwa 430 Einwohnern gibt's nur eine Gaststätte. Weiß ihr Wirt Richard Birk, woher dieser Ortsname kommt? „Mit Tschechien hat's auf alle Fälle nix zu tun." Na, das ist doch ein Anfang. Der nächste Prager weiß sicher mehr. Also, Stephan Miedl, warum heißt Prag Prag? „Der Name kommt aus dem Tschechischen!" Hoppla, jetzt wird's kompliziert.

Prag, die große Stadt, hat eine große Geschichte – allerdings mit einem kleinen Makel. Groß in geschichtlichem Sinn sind natürlich die Gründung der ersten Universität in Mitteleuropa im Jahr 1348, der Prager Fenstersturz als Auslöser des Dreißigjährigen Krieges, die Ereignisse in der von DDR-Flüchtlingen überfüllten Prager Botschaft 1989. Nur dass Prag Städtepartnerschaften mit Frankfurt, Nürnberg, Bamberg und Berlin hat – aber keine mit dem niederbayerischen Prag: Das lässt wahre Größe dann doch ein wenig vermissen, oder?

Doch zurück zur Frage, ob „unser" Prag nun etwas mit Tschechien zu tun hat oder nicht: Auf welche Seite schlägt sich Feuerwehrkommandant Georg Knon? „Soweit ich weiß, kommt das vom Tschechischen: von ‚Praha', vom ‚Brachmachen', vom Abholzen." Also doch tschechisch! Denn tatsächlich haben früher in dieser damals stark bewaldeten Gegend auch viele Tschechen gewohnt.

So hat das kleine, unberühmte Prag also mit dem großen, weltberühmten doch was gemeinsam. Da wird der nächste Prager Frühling sicher auch in Niederbayern wieder wunderschön ...

Bei Altenkunstadt im Landkreis Lichtenfels in Oberfranken liegt „Prügel". Ein Ortsname, der Schlimmstes befürchten lässt. Prügel, das klingt nach deftigem Wirtshausstreit, nach blutiger Nase und Maßkrug übern Schädel. 147 Prügler gibt's. Machen die ihrem Ortsnamen alle Ehre?

Die zwei Rocker, die wir mitten im Ort antreffen, sind sich einig: „Des heißt vielleicht Prügel, aber des ist ein friedliebender Ort. Lauter nette Leut!" Elke Brinschwitz, auch eine Prüglerin, stimmt dem zu: „Von Raufereien keine Spur in der Ortschaft. Alles friedliebende, freundliche Menschen." Das kann jeder bestätigen, der jemals in Prügel war: Die Dorfgemeinschaft hält zusammen, und die große Kirchweihrauferei damals, wo so richtig die Fetzen flogen, liegt schon Jahre zurück.

Mitten im Dorf gibt's einen Weiher, die Attraktion für die Prügler Kinder an heißen Sommertagen. Da allerdings rangeln sich Mädels und Jungs schon mal darum, wer denn nun das Ruder in die Hand nehmen darf. Wie so oft sind es die Mädels, die gewinnen. Also Matriarchat auch noch, und da geht es ja sowieso eher friedlich zu. Aber vielleicht waren ja die Vorfahren der Prügler echte Rabauken?

Eine Spur legt Alfred Wörner vom Gutshof in der Ortsmitte: „Es sind schon kriegerische Auseinandersetzungen passiert. Unter anderem mit Weismain. Die Weismainer Bürger haben einmal den Prüglern die Braupfanne entführt, weil wir für sie eine Konkurrenz dargestellt haben." Da wetzten sie die Messer und griffen zu den Knüppeln, die Prügler. Bei Braupfannenentführungen verstanden die Prügler nämlich keinen Spaß – versteht sich.

Aber ein ganzer Ortsname von einer einzigen Braupfannenentführungsprügelei? Kann ja wohl nicht sein, oder doch – fragen wir den Prügler Sebastian Gruber. „Schwer zu sagen, vielleicht weil's früher mal richtig hergangen ist?"

Keiner weiß es? Aber ein friedliebender, beschaulicher Ort, der „Prügel" heißt, das muss doch einen Grund und Ursprung haben! Wenn die Prügelknaben alle nichts wissen, dann muss wohl der Bürgermeister von Altenkunstadt, Georg Vonbrunn, ran und erklären, wie die netten Prügler zu dem brutalen Namen kamen. „Prügel hat also nix mit ‚Prügel bekommen' oder etwa Holzprügeln zu tun. Sondern die ursprüngliche Bezeichnung war Brühl oder Brühel, was so viel wie ‚sumpfige Wiese' bedeutet."

War ja klar.

Wo die Prügler doch so nette Leut' sind.

Bei Rudelzhausen im Landkreis Freising in Oberbayern liegt das Dorf „Pumpernudl“. Ein Ortsname, den man sich auf der Zunge zergehen lassen kann, erinnert er einen doch irgendwie an etwas Essbares. Richtung Küche führt auch die Erklärung von Josef Elfinger, dem Dorfältesten unter den 22 Bewohnern, die mitten in der Hallertau auf einer Anhöhe leben. „Angeblich ist das hier früher eine karge Landschaft g'wesen. Da hat's wenig Butter und Schmalz gegeben, daher: Wenn die dann Nudeln g'macht haben, dann haben's Wasser dazugegeben. Und die Nudeln waren dann ned so mild wie sonst die Butternudeln sind, sondern waren hart. Und wenn man die hat fallen lassen, sollen die angeblich gepumpert haben.“

Nudeln also, die beim Fallen ein heftiges Geräusch machen, sollen Pumpernudl seinen Namen gegeben haben? Ein Gerücht, gegen das sich natürlich jede Pumpernudler Hausfrau wehrt, sind ihre ‚Auszognen' doch immer weich wie Butter. Ein eher technischer Erklärungsversuch kommt von Fahrschulchef Herbert Schinagel: „Ich nehme mal an, weil das hier am Berg heroben ist und man früher hat Wasser raufpumpen müssen, dass da die Pumpe herkommen ist.“ Vielleicht.

Aber wie kommt dann die Pumpe zur Nudl? Mit dem ehemaligen Hopfenanbau kann's auch nichts zu tun haben. Den übrigens haben die Pumpernudler längst aufgegeben und stattdessen einen Golfplatz gebaut. Statt mit mächtigen Traktoren sausen die Männer jetzt mit 40-PS-Rasentrimmern herum. Einer der „Greenkeeper“ weiß, dass man es als Pumpernudler wirklich nicht leicht hat. „Dem Gerald seine Tochter: Da hat in der Schul die Lehrerin gefragt, wo sie her ist, da hat sie gesagt ‚aus Pumpernudl'. Da ist sich die Lehrerin gleich verarscht vorgekommen, ist gleich a bisserl grantig geworden und wollte ihr eine Strafaufgabe geben.“

Ungerecht ist das! Wie gut, dass Kreisheimatpfleger Rudolf Goerge weiß, wie die Nudl zur Pumper kommt: „Seit 1491 ist der Name ‚Pumpernudl' bekannt. Und zwar benannt nach ‚Hans der Pumperlurer', von dem in einem Pfarrei-Manuskript von 1491 die Rede ist. Und später wurde dann daraus ‚Pumpernudl'.“

Ein altehrwürdiger Name also, dessen lustiger Klang so seine Fans hat. Herbert Schinagl weiß ein Lied davon zu singen. „Weil s' uns des Schildl in der Woche mindestens dreimal klauen, hab ich ein Reserve-Ortsschild in der Garage, weil man ab und zu eins braucht, dass man es wieder hintut, damit die Leute wissen, wo Pumpernudl überhaupt ist.“

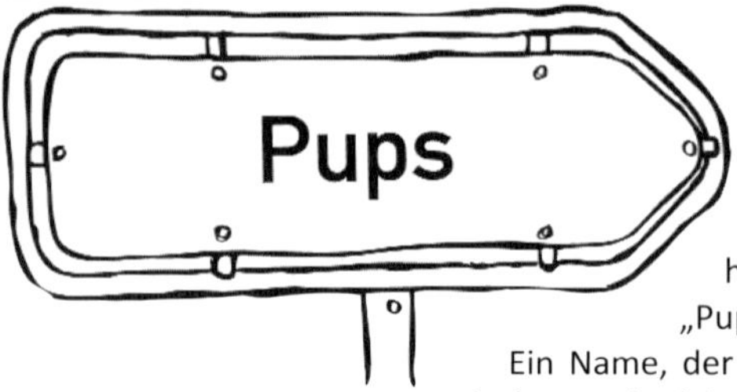

Bei Feldkirchen-Westerham im oberbayerischen Landkreis Rosenheim liegt der Weiler „Pups".

Ein Name, der den meisten Leuten, die hier vorbeifahren, ein leises Schmunzeln entlockt und nicht nur das – weiß Ludwig Weber. „Für die Leute hier rundum, da ist das gang und gäbe, ganz normal. Aber Auswärtigen kommt das oft furchtbar komisch vor. Und wenn die zum Beispiel von Norddeutschland kommen – ach, da könnt' ich ja viel erzählen." Jeder Zweite meint da, besonders lustig zu sein, wenn er gleich mal einen Scherz über den hiesigen Wind macht und fragt, ob der Bohnenanbau in der Gegend vielleicht besonders ertragreich sei ...

Der Weber Ludwig ist hier in der Gegend aufgewachsen und kennt die Probleme, die sich aus diesem tatsächlich besonders originellen Ortsnamen ergeben: „Da haben wir schon die fünfte oder sechste Ortstafel da drunten. Weil, die werden immer wieder abgeschraubt – und fort sans."

An den Hausnummern hat sich zum Glück noch kein „Nordlicht" vergriffen. ‚Pups 1' ist nämlich das einzige Haus in Pups.

Woher der Name Pups kommt, das weiß der Ludwig Weber aus alten Überlieferungen. „Da soll früher mal so ein Römer in der Nähe gewesen sein und der hat sich ‚Pupis' geschrieben. Da nimmt man an, dass der Name wohl von daher kommt."

Also weg von der Flatulenz – hin in die römische Antike führt uns das (oder der?) Pups. Wenn das die Nordlichter erfahren, dann schrauben sie bestimmt keine Ortsschilder mehr ab ...

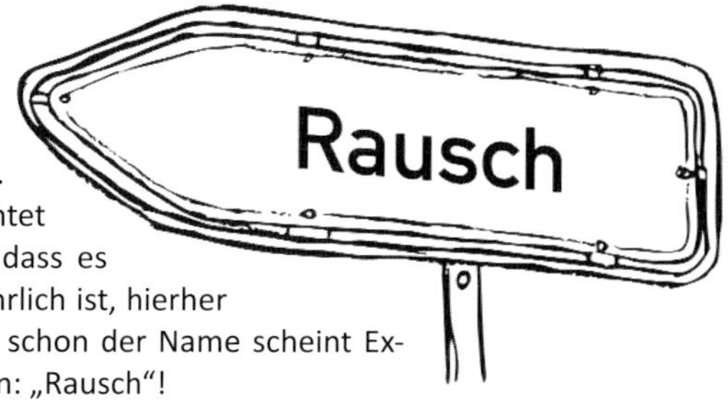

Ein kleiner Weiler in Herrsching am Ammersee. Nüchtern betrachtet muss man sagen, dass es wohl nicht ungefährlich ist, hierher zu kommen. Denn schon der Name scheint Exzesse anzukündigen: „Rausch“!

Und unglaublicherweise begegnet uns direkt am Ortsschild ein Paar, das tatsächlich heißt wie der Ort: Herr und Frau Rausch! Zwei Menschen, die sich schon ihr Leben lang mit diesem Namen herumschlagen, oder? „Also wenn ich mich am Telefon melde, verstehen die meisten Leute immer ‚Graus‘ oder sonst etwas Falsches. Ich muss dann immer sagen, ‚nein: Rausch – wie besoffen!‘. Erst dann ist die Sache klar.“ Drei von zehn Anwesen sind noch echte Bauernhöfe. Dazu gibt es eine Kapelle, einen Reiterhof und jede Menge Rauscher. Und die werden oft auf ihre Herkunft angesprochen. Franz Jäger zum Beispiel erzählt uns, „das sorgt oft für Belustigung, wenn man seine Adresse angibt und sagt: Rausch 1. Dann stutzen die Leute meistens ein bisserl, und ich sag dann inzwischen, ‚des is ned der Zustand, sondern der Wohnort‘. – Mei, mir san halt Rauscher.“

Und echte Rauscher, scheint’s, kann so schnell nix erschüttern. Den Ort gibt’s ja auch schon seit 1005. Uralt also. Wir läuten bei Magdalena Sterl und Hund Fips. Einen wahren Blumenrausch hat Frau Sterl in ihren Garten gezaubert, kommt der Name vielleicht von den Pflanzen? „Das kommt von den Eichen, wo die doch immer so rauschen, die hat’s früher hier viel gegeben. Und es gibt heute noch Eichen, in den Wiesen draußen.“ Aha, dann schauen wir mal raus auf die Wiesen. Tatsächlich rauscht’s, wohin man nur horcht! Ob’s aber tatsächlich vom Waldesrauschen kommt, für diese knifflige Frage haben wir uns eine Expertin geholt, Mia Schmidt aus Herrsching: „Woher der Name wirklich kommt, ist nicht ganz klar. Ob also jetzt vom Waldesrauschen oder vom Wasserrauschen. Der Stamm des Wortes ist immer wieder ‚rus‘ oder ‚rusch‘ oder ‚rubes‘, aus dem sich der Name ‚Rausch‘ letztendlich entwickelt hat.“ Schade: Rausch im Sinne einer Bewusstseinserweiterung hätten wir, ehrlich gesagt, origineller gefunden als Rausch im Sinne von Geräusch. Obwohl: So ein Geräusch, so ein leichtes Rauschen, das kann von einem Baum kommen oder von einem Bach – oder auch das leise Geräusch sein, wenn aus dem Zapfhahn eine goldgelbe Flüssigkeit in ein Glas strömt, oder?

Wie schön, dass es neben all den spektakulären lustigen Ortsnamen auch welche gibt, die definitiv keinen Wirbel um sich machen. „Still" im Süden von Weyarn ist so ein sympathischer Name – oder auch im oberbayerischen Pfaffenwinkel bei Böbing ein kleiner Weiler mit dem verträumten Namen: „Ruhe"!

Ruhe besteht aus einem einzigen Haus.

Dazu ein paar Bäume. Und eine selten befahrene Straße.

Hier lebt – natürlich ganz geruhsam – die Familie Hiltensberger: die Lisa, die Rosi, der Franzi und der Georg. Und hier im Pfaffenwinkel ist es noch wirklich still. So still, dass wir vielleicht gar nicht stören sollten? „Denen, die der Ruhe pflegen, kommen manche ungelegen", heißt es bei Wilhelm Busch. Doch wir haben eine Mission, gehen das Risiko ein, klopfen an und wollen wissen, ob die Einöde Ruhe tatsächlich von der ruhigen Lage kommt:

„Ruhe, das ist ein alter Name", sagt Georg Hiltensberger, „aber woher der genau stammt, das wissen wir selber nit. Da haben wir wahrscheinlich mit unseren Alten zu wenig g'redt, weil's uns damals zu wenig interessiert hat. Auch, weil's eben so ruhig ist. Weil wir in der Nacht einfach sämtliche kleinen Geräusche hören. Und weil wir, wenn wir in der Früh aufwachen, die Vögel zwitschern hören. All das, was man in der Großstadt nicht mehr hört."

Der Vorteil vom Leben auf dem Land: Man hört „kleine" Geräusche und hat seine Ruhe. Und in der Ruhe liegt bekanntlich die Kraft. Die Kraft für eine Antwort auf die Frage, woher der Name kommt. Die zu kennen ist neben der Ruhe selbst natürlich die erste Bürgerpflicht von Bürgermeister Peter Erhard:

„Der Name Ruhe für diesen Weiler mit einem Hof kommt aus der Geschichte. Und zwar aus dem Begriff ‚Ruhrgraben', der sich vom Kirnberg Richtung Ammer schlängelt. Und die Besiedelung hier war also sehr nah an diesem Ruhrgraben, und über die Jahrzehnte hat sich daraus der Begriff ‚Ruhe' entwickelt."

„Ruhe" vom kleinen Ruhrgraben südlich von Böbing im Pfaffenwinkel – der große „alte Ruhrgraben" ist ja irgendwo in Nordrhein-Westfalen. Aber dort können sie wahrscheinlich von einer Ruhe wie hier nur träumen ...

Fährt man von Rimsting die Abkürzung nach Gstadt, liegt direkt am Chiemsee der Ort „Schafwaschen". Schafe sind grad weit und breit keine zu sehen, weder gewaschene noch ungewaschene.

Aber um Schafe geht es bei dem Ortsnamen ja auch gar nicht, behauptet gleich die erste Schafwaschnerin, die wir treffen, Martina Spöckbacher: „Ich weiß, dass sich die Einheimischen da ein bisserl einen Scherz draus machen, wenn da Preißn kommen und nach dem Namen fragen. Dann sagen die Einheimischen oft, ‚ja-ja, wir treiben die Schafe zum Waschen an den See!'. Aber tatsächlich hat's mit den Schafen nix zu tun!"

Offenbar haben die heutigen Schafwaschener ihren Spaß daran, gutgläubige Urlauber aus nördlicheren Gegenden Deutschlands ein wenig einzuseifen. Vielleicht ist das ja sogar die Erklärung für den seltsamen Ortsnamen? Vielleicht war es schon zu Beginn des Chiemsee-Tourismus so, dass gutgläubige und von den Einheimischen mit erfundenen Geschichten eingeseifte Sommerurlauber sich hier in den Chiemsee stürzten. Und dass die Einheimischen das Baden dieser Preißn dann quasi als „Waschung" der „Schafe" ansahen ... – Nein? Na gut, war ja nur eine Überlegung.

Martina Spöckbacher hat eine andere: „Also mir ist g'sagt worden, dass ‚Schafwaschen' von ‚scharf' kommt, wie eine scharfe Uferbiegung in einer Seebucht oder so. Und irgendwann muss dann im Laufe der Zeit des ‚r' verloren gegangen sein, so dass nur noch ‚Schaf-' übrig geblieben ist."

Heimatforscher Konrad Hollerieth hat auch scharf nachgedacht und zwei Lösungen parat. „Die eine sagt, dass früher ‚Aschen' – also Eschen – am Schafberg standen und daher der Name kommt. Die andere geht davon aus, dass irgendwann einmal viele Schafe im Wasser gestanden sein müssen, nachdem der Chiemseespiegel plötzlich angestiegen war und ihre Wiese überflutet hatte. Welche Theorie aber jetzt die richtige ist, das weiß keiner."

Wir sind verwirrt. Stehn da. Schauen auf den Chiemsee. Etwas ratlos.

Wie ein paar Schafe – gewaschene selbstverständlich ...

Ein Schlips ist eine Krawatte, ganz klar – auch wenn Schlips normalerweise nur mit einem „p" geschrieben wird und unser „Schlipps" dagegen ...

Wie auch immer: An der Glonn bei Hohenkammer im Landkreis Freising liegt der kleine Ort „Schlipps". Gleich nach der Brücke kann man sämtliche Schlippser Sehenswürdigkeiten schon am Maibaum bestaunen: die romanische Kirche Sankt Silvester und ein Wirtshaus. Was braucht es mehr?

Und der Name, woher kommt der, Manfred Sperrer? „Na von der Krawatten kommt's ned. Das stammt sicher von was anderem her. Von ‚schlürfen', von ‚schleifen' vielleicht. Denn früher haben s' hier Holz vorbeitransportiert, und von da muss das eigentlich abstammen. Denn da hinten war allweil viel Holz!"

Vom Holzschleifen statt von der Krawatte? Klingt erst mal etwas seltsam. Ein Schlippser mit Grips ist gefragt, was sagen Sie, Adolf Mandlinger? „Die Glonn hat hier eine Schleife gemacht. Ist rüber und wieder zurück gelaufen. Und früher hat das hier eben ‚Schlippes' geheißen – als Begriff praktisch für eine ‚Schleife'."

Schlipps von Schleife. Der Wirt Franz Bail stimmt zu: „1924 ist die Glonn reguliert worden. Und damals hat sie da drüben so eine Schleife gemacht. Das hat ausg'schaut wie ein Schlips!" Und spätestens damit sind wir wieder bei jenem Stück Stoff, das auf etwa 180 verschiedene Weisen geknotet werden kann, das angeblich von Ludwig XIV. populär und definitiv von Marlene Dietrich auf der Kinoleinwand unsterblich gemacht wurde.

Zurück im ganz normalen Oberbayern dagegen fragen wir jetzt einfach als Nächstes den Schlippser Ehrenbürger Josef Geisenhofer – woher mag dieser Ortsname kommen? „Also Schlipps kommt von ‚Schliefen'. Schlipps war eine Gemarkung von Freising. Da waren nur ein oder zwei Häuser da."

Schlipps, Schleife, Schleifen? Jetzt müssen korrekt sitzende Informationen her – und die hat Heimatforscherin Marianne Stamm: „Im Mittelhochdeutschen gibt's ein ‚Schlipf', das bedeutet ‚ein Abhang, der von einem Fluss angeschnitten ist'. Das heißt also, ‚Schlipps' ist eine Ortsbeschreibung und heißt: ‚dort, wo der Erdrutsch war, da ist jetzt der Ort."

Schlipps kommt also nicht von der Krawatte – jetzt ist es amtlich. Aber eigentlich merkwürdig, dass etwas mit *einem* „p" doch bitte nie verrutschen soll – das Gleiche aber mit *zwei* „p" das Ergebnis einer ganz enormen Verrutschung bezeichnet ...

Im Pfaffenwinkel bei Wessobrunn gibt's einen Ort, der herrliche Winterfreuden verspricht: „Schlitten". Und genau aus dem Grund haben wir ihn auch im Winter besucht und einen Pferdeschlitten organisiert. Samt Kutscher: „Also die meisten fragen immer nach: warum ‚Schlitten'? Wieso heißt Ihr Ort ‚Schlitten'? Dann sag ich immer, ja, so wie der ‚Bob', bloß ‚Schlitten'." Schlitten wie Bob? Aha. Aber natürlich rätseln wir inzwischen schon genauso: Warum heißt der Ort „Schlitten"? Wieso?

Die Schlittener leben in einem Dorf, das älter ist als das nahe Kloster Wessobrunn. Und eigentlich sollte man sich da ja auskennen mit der Geschichte. Also: Wurde früher in Schlitten vielleicht mehr Schlitten gefahren als anderswo? „Ja, da vorne sind wir immer runter g'fahren mit'n Schlitten", erzählt uns ein alteingesessener Schlittener, „Ski sind wir auch g'fahrn, haben eine kleine Schanz'n baut. Sieben, acht Meter sind wir g'flogen mit die Ski. Ski und Schlitten, jaja – als wir halt noch in d' Schui gegangen sind."

Schlittenfahren in Schlitten – da liegt's recht nahe, woher der Name kommt. Oder, Maria Guggenmoos? „Wahrscheinlich. Vielleicht auch, weil's überall bergab geht. Und man kann supergut Schlitten fahren. Ganz wurscht, auf welcher Seit'n dass man runterfahrt. Vielleicht kimmt's daher? I weiß net."

Bergab geht's überall. Wir sind ja auch im Allgäu. Schlitten wurde übrigens früher nicht nur zum Spaß gefahren. Er war auch ein unverzichtbares Fortbewegungsmittel, erinnert sich Johann Sieber: „Früher hat man ja im Winter nur mit'm Schlitten fahre können, mit am Ross und mit am Schlitten, weil sonst – das waren ja keine Straßen im Winter. Das war nur Schnee!"

Heutzutage tun sich im Winter die Pferdeschlitten oft schwer, wenn wieder mal Schnee Mangelware ist. Leicht hingegen tut sich Altbürgermeister Konrad Hölzl mit der Erklärung des Ortsnamens: „Der Name ‚Schlitten' dürfte von dem alten Namen ‚Schlütt' herkommen, was so viel wie ‚Wasserlache' oder ‚Pfütze' bedeutet. Und nachdem's hier in unmittelbarer Nähe einen kleinen See gab, der in der Zwischenzeit trockengelegt wurde, ist es anzunehmen, dass wegen des Sees dieser Name dem Ort gegeben wurde."

Aus „Schlütt" wurde „Schlitten" und aus einer Pfütze ein Ort. Uns würde aber trotzdem interessieren, ob's irgendwo nicht doch noch den Ortsnamen „Bob" gibt. Irgendwo sicher. Aber vielleicht nicht im Allgäu …

Entenhausen – das kennt jedes Kind: Da wohnen Micky Maus und Donald Duck, Goofy und Dagobert. Und ganz in der Nähe liegt Schnarchenreuth. Denn nicht weit von Schnarchenreuth wohnte Dr. Erika Fuchs, die Übersetzerin aller Micky-Maus-Geschichten. Die nahm in ihre Übersetzungen auch Ortsnamen aus der unmittelbaren Umgebung mit auf, wie eben: „Schnarchenreuth". Und so kam es, dass im Micky-Maus-Heft Nr. 39 von 1977 Donald und die Seinen durch Schnarchenreuth spazieren ...

Das „echte" Schnarchenreuth liegt in der Nähe von Hof in Oberfranken. Und hier gibt's nicht nur 150 Einwohner, sondern auch eine Feuerwehr, die deutlich flotter ist, als ihr Name vermuten lässt. Der aufgeweckte Feuerwehrvorstand Michael Ebert ist natürlich schon oft auf „Schnarchenreuth" angesprochen worden: „Wenn der Ortsname fällt, egal ob in Oberfranken oder sonstwo, da wird schon mal geschmunzelt oder herzhaft gelacht."

Über Schnarchenreuth lachen? Das wollen wir natürlich nicht – aber ganz verkneifen können wir uns die Frage nach den Schlafgewohnheiten der männlichen Schnarchenreuther trotzdem nicht. Wie sieht's bei Thomas Fleischer aus? „Geschnarcht wird schon. Das ist klar." Und bei Edgar Munzert? „Na ja, wenn uns die Frau schlafen lässt, dann schnarchen mir schon."

Also kommt der Ortsname auch daher? „Das ist das Kuriose: Ich glaub', es hat mit dem Schnarchen gar nichts zu tun", sagt Herbert Dobberke, auch er ein Schnarchenreuther. Aha. Aber woher dann? Martha Wilfert hilft uns weiter: „Das hängt mit dem Schloss da vorn zusammen, von früher her."

Also ein bisserl verschlafen schaut's schon aus, das Schloss. Aber ob Schnarchenreuth deshalb „Schnarchenreuth" heißt? Heidi Müller hat jedenfalls eine ganz andere Variante auf Lager: „Ich hab' den Verdacht, dass des früher mal ‚Schneckengrün' geheißen hat." Und wir haben den Verdacht, die Dame will einfach unsere Ausgeschlafenheit testen ...

Da muss schleunigst der stellvertretende Bürgermeister Edwin Frank her und das Ortsnamen-Rätsel lösen: „Der Name kommt vom ersten Siedler, der sich hier angesiedelt hat, und der nannte sich ‚Schnarcho'. Und ‚reuth' heißt so viel wie roden, daher der Name Schnarchenreuth."

Das wäre also geklärt. Aber ob der alte Schnarcho ein Ausg'schlafener war oder eher eine Schnarchnase: Das werden wir wohl nie erfahren ...

Westallgäu im Mai: Saftige Wiesen, und ein Ort – mit eigener Sackgasse! „Schreiloch“. Die Bewohner sind echte Schreilocher! Und: „Wir haben da auch einen eigenen Spruch“, erklären sie uns gleich bei der Ankunft: „Schreilocher simmer und lassen nix falle – Messer in der Tasche und Revolver in der Schnalle!“ Messer? Revolver? Da geht's ja zu wie im Wilden Westen! Doch auch wir kennen keine Gnade. Also Hände hoch und her mit der Deutung des Ortsnamens!

„Warum das ‚Schreiloch‘ heißt, weiß ich nicht, nein.“ Da schau her. Das sind schon deutlich sanftere Töne. „Vielleicht waren die Leute hier früher recht verschrien.“

Verschrien sollen sie sein, die Schreilocher? Als Revolverhelden? Als Dichter von markigen Sprüchen? Wir fragen nach bei den Familien Dorn und Fromligt: „Vielleicht kommt's von daher: Wir waren ja früher hier sehr viele Kinder. Wir waren viel unterwegs in Schreiloch und leise waren wir auch nicht. Und vielleicht war's eine Generation oder zwei vorher auch so laut hier. Vielleicht stammt's ja da her.“

Schreiende Buben und Mädel begründen den Ortsnamen? Interessante Version. Der Steinhauser Hans hat noch einen ganz anderen Hinweis für uns: „Ich habe vom Großvater eine Glocke, und da steht drauf ‚Schraile‘. Und die Zahl ‚1878‘. Früher hat's wohl ‚Schraile‘ geheißen, jetzt heißt's ‚Schreiloch‘. Ich weiß nur nicht, wieso. ‚Schraile‘ wäre schöner gewesen.“

Also wir finden „Schreiloch“ auch ganz schön. Aber „Schraile“ ist eine heiße Spur. Heimatforscher Peter Kurz weiß mehr dazu: „Der Name ‚Schraile‘, wie es damals geheißen hat, oder ‚Schroile‘, wie der Allgäuer sagt, ist vor allem bedeutend mit der Endsilbe ‚le‘. Das ‚le‘ bedeutet ‚Grab‘ oder ‚Grabhügel‘. Und das könnte eine Verbindung sein: Grabhügel, so viel wie Totenhügel, da die damaligen Toten gleich in der Nähe ihrer Gehöfte begraben wurden.“

Also: Was die Endung „le“ bedeutet, das wissen wir schon mal. Hügel – und nicht Loch. Aber: Wie passt jetzt der ‚Schrei‘ dazu? Beim Bauern Dorn hören wir noch eine Schreiloch-Theorie: „Schreiloch soll früher angeblich mit einem schrägen Zaun umgeben gewesen sein, eingezäunt. Und durch den schrägen Zaun hat's früher ‚Schreile‘ geheißen, und mit der Zeit hat sich das gewandelt zu ‚Schreiloch‘.“

Also da bleibt definitiv Raum für die Nachforschungen kommender Generationen. Denn so ganz gelüftet scheint uns das Rätsel um Schreiloch noch nicht zu sein: „Schrei-“ vom schrägen Zaun und „-le“ vom Grabhügel, das soll dann wohl einen schiefen Zaun ums Grabmal ergeben? Ganz schön schräg wär' das …

Bei Gangkofen im Landkreis Rottal-Inn in Niederbayern liegt das Dorf Seemannshausen. Ein Ortsname, der irgendwie so gar nicht nach Bayern passt, klingt er doch eigentlich eher nach steifer Nordseebrise, Möwengeschrei und Meeresrauschen.

Und der Huber Franz, der hat noch ein ganz anderes Problem mit dem Namen seines Dorfes: „Na ja, weil der so lang ist, wenn man ihn wo schreiben muss. Andere haben so einen kurzen Namen, und wir müssen so viel schreiben!" Ein langer Name, ein Hauch von Meer, aber kein Hafen weit und breit. Nicht mal ein See, auch wenn manche Alteingesessenen behaupten, dass früher mal einer da war. „Aber das geht so weit zurück, ob des ned a Sage ist, des weiß niemand. Des hat ned amal mein Großvater gewusst." Ja, wenn's der Opa vom Huber Franz nicht einmal gewusst hat ...

Dafür hat seine Nachbarin, die Therese Wildenberger, mal was von einem Seebären gehört. „Da muss irgendwann mal ein Seemann da g'wesen sein. Aber wann, das weiß ich auch nicht." Gerüchte also, quasi Seemannsgarn, was halt so geredet wird. In der Umgebung wird über Seemannshausen vor allem vom dortigen Bier geredet. Der Braumeister in der Klosterbrauerei braut doch tatsächlich ein „Pater-Export", dazu ein „Pater-Dunkel" und ein Märzenbier, das „Pater-Gold"!

Apropos Kloster: Das ist für die Frage, wie der Ort zu seinem Namen kam, eine heiße Spur, und Heimatforscher Reiner Hermann lüftet das Rätsel: „Im Jahre 1255 hat der Domdekan Heinrich Seemann aus Regensburg hier eine Klosterstiftung gemacht, zunächst für die Wilhelmiten und dann für die Augustinereremiten. Und dieser Ort ist dann, vorher ‚Pöllkofen', nunmehr in ‚Seemannshausen' umbenannt worden!"

Aha, also kein romantisches Seemannsgarn, vielmehr hat eine Landratte, die nur ‚Seemann' hieß, dem Dorf seinen Namen gegeben. Mittlerweile übrigens hat auch die Seemannshausener Feuerwehr das Wappen ihres Ortsgründers auf ihre Fahne gestickt. Damit er allzeit ihre Löschaktionen begleitet. Apropos Löschen: Das Seemannshausener Klosterbier ist gerade Landratten sehr zu empfehlen.

Passend zum typisch weiß-blauen Himmel Bayerns gibt's auch typisch bajuwarische Ortsnamen. Wer in der Nähe von Pfatter, im Landkreis Regensburg, dem richtigen Wegweiser folgt, kommt nach „Seppenhausen". Ganz untypisch allerdings: Seppenhausen hat keinen Ortskern. Seppenhausen besteht nämlich nur aus einem Hof. Beim „Seppenhausener".

Überraschenderweise sind hier aber nicht lauter Menschen daheim, die „Sepp" heißen, sondern einfach die Familie Heinrich. Und das in der siebten Generation. Bauer Gerhard Heinrich hat die Landwirtschaft an seinen Schwiegersohn verpachtet. Auch der ist aber leider kein „Sepp", sondern ein „Konrad".

In Seppenhausen also heißt die Zukunft mit Vornamen „Konrad", dazu der Familienname in siebter Generation „Heinrich", und der erste Heinrich hieß „Nikolaus". Kein Josef weit und breit. Eigentlich ein Skandal!

Der Nikolaus Heinrich übrigens kaufte 1780 von der Reichsstadt Regensburg das Gut für schlappe 6300 Gulden. Das alles und noch viel mehr hat der Altbauer vom Seppenhof, Gerhard Heinrich, in den Urkunden seiner Familie nachgelesen: „Soviel ich erfahren habe, hat ‚Seppenhausen' nichts mit dem Vornamen ‚Josef' zu tun. Seppenhausen ist urkundlich genannt im 13. Jahrhundert und stammt wahrscheinlich aus der fränkisch-karolingischen Zeit."

Die Hauskapelle auf dem Hof ist zwar ganz schön, stammt allerdings deutlich aus der Neuzeit. Max Heinrich, der Vater von Gerhard Heinrich, hat sie 1950 gebaut. Wäre doch vielleicht ein schöner Ort, an dem eine Heinrich-Tochter heiraten könnte, vielleicht sogar mal einen Mann mit Namen „Sepp"? – Nun, wir bekommen auf die Frage erst mal keine Antwort.

Tatsächlich ist weit und breit der einzige Josef, der weiß, was es nun ganz genau mit dem Namen „Seppenhausen" auf sich hat, der Bürgermeister von Pfatter, der Heuschneider Sepp: „Also in Unterlagen vom Hochstift Regensburg aus dem Jahre 1218 ist ‚Seppenhausen' das erste Mal urkundlich erwähnt. Und es wird vermutet, dass durch eine Namensableitung vom Eigennamen ‚Seppho' der Name ‚Seppenhausen' entstanden ist."

Na also, wenn schon kein Sepp, dann immerhin ein „Seppho"!

Im Oberpfälzer Wald zwischen Weiden und Amberg liegt der Ort „Sitzambuch". Die Häuser der 46 Sitzambucher scharen sich um die Kapelle zum Heiligen Georg, den Bolzplatz und den Dorfbrunnen – der eigentlich ein sehr schöner Platz ist, um sich mal in Ruhe hinzusetzen und die Nase in ein gutes Buch zu stecken.

Aber woher kommt der Name, fragen wir gleich mal die Sitzambucherin Maria Schuh. „Kommt das nicht von der Pest-Zeit her? Da sollen nur wenige nach der Pest übrig geblieben sein – und die sollen da unter einer Buche überlebt haben. Aber für Genaueres müssen S' im Dorf noch mal fragen."

Vielleicht bringen uns ja die schmucken Hausnamen auf die richtige Spur. Marianne Kumeth, vom „Hausmerhof": Wie steht's um den Namen? „‚Sitzambuch' – ja die meisten können nichts anfangen damit. Die schreiben das nicht in einem Wort sondern ‚Sitz-am-Buch', also aus drei Wörtern ..."

Stimmt. Aber genau genommen besteht der Name ja tatsächlich aus drei Wörtern. Wogegen der Name der Sitzambucher, die wir jetzt fragen, nur aus drei Buchstaben besteht. Hat „Sitzambuch" gar mit Buchstaben zu tun, Familie Rom? „Nein, das hat weniger mit Lesen zu tun. Und gleich gar nichts damit, dass wir etwa besser belesen wären oder intelligenter oder so. Es geht in dem Namen rein um den Buchberg hier."

Der Buchberg liegt ganz in der Nähe, das ist klar. Was meint der Bauer Peter Plank zu dieser Theorie? „Also ‚Sitzambuch' müsste eigentlich vom ‚Sitz an der Buche', vom ‚Buchberg' herkommen. Oder aber es hat vielleicht wirklich was mit einem Buch zu tun. Man müsste da vielleicht einen Heimatforscher fragen ..."

Vielen Dank, das machen wir jetzt auch. Und Heimatforscher Franz Flammersberger hat extra über den Namen „Sitzambuch" nachgelesen: „Im Volksmund wird der Ort auch ‚Sitzawou' gesprochen. Der Name ist abgeleitet von einem ‚Sitz', nämlich dem Adelssitz auf einer Burg, die oberhalb des Ortes auf der Anhöhe des Buchberges gelegen war. Diese Burg ist urkundlich nachgewiesen, es ist sogar bekannt, dass der Adlige dort in der ersten urkundlichen Erwähnung als ‚der Sitzenbucher' bezeichnet worden ist."

Der „Sitz am Buchberg". Seit 1271 gibt's also „Sitzambuch", und diese ganze Namensherleitung heißt ja andererseits nicht, dass man sich in diesem schönen Ort nicht auch mal in Ruhe hinsetzen könnte, um die Nase einfach mal in ein gutes Buch zu stecken ...

Bei Odelzhausen im Landkreis Dachau in Oberbayern liegt das Dorf Sixtnitgern. 250 Menschen leben hier, verteilt auf etwa 60 Häuser. Die Sixtnitgerner haben sich schon viele Gedanken zu ihrem Ortsnamen gemacht, nur der Postbote tappt im Dunkeln. „Ich weiß es ned genau, aber ich denk mir: vielleicht von ‚siehst du nicht gern', aber ich weiß es ned."

Immerhin: Die älteste Bewohnerin des Ortes, die Frau Strobel mit ihrem langen Erfahrungsschatz, hat eine Idee, woher der Name Sixtnitgern kommt. „Von einer Grafenfamilie: Da hat der Graf gesagt, ‚hier könnte man Häuser bauen'. Dann hat sie gesagt, das sieht sie ned gern." Aber hallo! Eine Grafenfamilie, das klingt ja romantisch!

Auch andere Dorfbewohner verfolgen die blaublütige Spur. „Ja, da sind wohl früher immer irgendwelche Leute zur Gräfin von Odelzhausen zum Übernachten gekommen. Und da hat sie gesagt, ‚die sieg i net gern'. Daher kommt ‚Sixtnitgern'." Bauer Johann Thurner mutmaßt auch in Richtung Schloss. „Wovon ich gehört habe, ist, dass es früher hier viele Bettelleut' gab. Und die sind immer wieder den Weg da rauf nach Odelzhausen in das Schloss ..." Und Carola Steigenberger ergänzt: „... und da hat eine Gräfin gewohnt in dem Schloss. Und die hat aus dem Fenster gesehen und hat gesagt, diese Waldarbeiter sieht sie nicht gern."

Also gab es eine hochnäsige Gräfin, der zum Trotz sich die armen Waldarbeiter aber dennoch hier angesiedelt haben? Alois Modlingers Theorie geht weg von den Blaublütlern: „Hier hat wahrscheinlich eine Holzkapelle gestanden, die dem heiligen Sixtus geweiht war."

Und Elisabeth Kappes, die Kulturbeauftragte von Odelzhausen, macht der Gräfin samt ihrer Hochnäsigkeit endgültig den Garaus – zumindest, was die Entstehung des Ortsnamens betrifft. „Man behauptet, dass der Ort auf einem ‚Gerngrundstück' steht, also einem dreieckförmigen Grundstück, mit verschiedenen Schenkellängen. Und auf diesem Gerngrundstück ist angeblich mal eine Sixtuskapelle gestanden."

Also eindeutig ein klerikaler Hintergrund. Schade eigentlich. Gräfinnen sind, selbst wenn sie hochnäsig daherkommen, doch viel romantischer ...

Mitten im Nördlinger Ries liegt ein Ort, der schon im frühen Mittelalter gegründet wurde. Drum hat er wohl auch so einen altertümlich klingenden Namen: Speckbrodi. In Speckbrodi leben genau vierunddreißig Speckbrodier. Und alle haben so ihre Erlebnisse mit Fremden, die sich über diesen appetitlichen Ortsnamen wundern. Gell, Hermann Bruckmeier? „Genau. Da ist einmal ein Heißluftballon niedergangen, auf der Wiese. Und da haben die gefragt, wo sie sind. Na in Speckbrodi! Ach, haben die dann gesagt, ist das nicht falsch, muss das nicht ‚Schinkenbrot' heißen?"

Speckbrodi, ein Ortsname, mit dem auch die jüngeren Einwohner Aufsehen erregen. „Also in der Schule", erzählen uns Heidi Wagner und Tanja Bruckmeier, „wenn Schulanfang ist oder so, dann wollen die Lehrer immer wissen, wo man herkommt. Das ist ganz witzig. Da lachen die Klassenkameraden immer."

Und bei Heidis Eltern erfahren wir: „Wenn wir hier irgendwas geliefert bekommen, und dann der Ort auf Rechnungen oder Lieferscheinen stehen muss: Die schreiben des jedes Mal anders. Das ist denen so suspekt, die schreiben das lieber mit ‚t' und ohne ‚i' als ‚Speckbrot'! Unser ‚Speckbrodi', glaub ich, ist einmalig in Deutschland!"

Margit Böhm aus dem Nachbardorf radelt täglich zum Zeitungholen nach Speckbrodi. Ob sie weiß, woher der Name kommt? „Des hat gar nix mit Speck zu tun, soviel ich mal gehört hab. Aber ich bin ja bloß a eingeheiratetes Weib. Die Speckbrodier wissen's ganz g'wiss, wo das herkommt." Doch gerade die Alteingesessenen wie Hermann Nowak ergehen sich vor allem in fröhlichen Theorien: „Speckbrodi, des stammt vielleicht vom Dreißigjährigen Krieg, gell? Oder vielleicht hat man da Speck und Brot gefunden?"

Ratlose Speckbrodier. Jetzt kann nur noch der Bürgermeister von Wechingen, Johannes Wiedenmann, helfen. Denn der kennt sich aus mit Speckbrodi: „Hier wurde mal vom östlichen Rand des Rieses zum westlichen ein Damm gebaut, der mit Knüppeln befestigt war – und so ein Damm, für den steht das Wort ‚Speck'. Das Wort ‚Brodi' stammt aus dem Slawischen und heißt so viel wie Furt, also dass man über diesen Sumpf fahren und gehen konnte."

„Furt am Knüppeldamm", dafür steht der Name also. „Speck" kommt tatsächlich vom althochdeutschen „spacha", Knüppeldamm. Wir sind jetzt trotzdem hungrig geworden und fahren nach Holzkirchen zum Wirt: auf ein Speckbrot!

Manche Ortsnamen in Bayern klingen, na ja, wie soll man's sagen – eher verspielt. Im Unterallgäu bei Mindelheim liegt so ein Ort: „Spitzispui". Den Namen hören und sich fragen, was er bedeuten könnte, ist eins: Geht es bei Spitzispui vielleicht selbst um ein Spiel? Gilt der Ort einfach als „spitze"? Ist vielleicht sogar ein „Spitzenspiel" im Spiel? Fragen über Fragen.

Laut Einwohnermeldeamt leben dort 39 Spitzispuier. Zum Beispiel die Familie Mayer, dann noch eine Familie Mayer, und auf dem Hügel: da wohnt Familie Müller. Martin Müller hat auch gleich eine Vermutung, woher der Ortsname kommt. „Da soll früher ein Schloss hier gewesen sein, und der Ritter dort hätt' sich ‚Spitzo' geschrieben. Da soll der Name ‚Spitzispui' herkommen."

Ein Ritter Spitzo habe hier gehaust. Das öffnet Raum für weitere Gedankenspiele. Vielleicht hatte der Ritter ja auch 'nen Wachhund, einen Spitz zum Beispiel? Ob die Mayers in Sachen Ortsname auch was wissen? „Nein", sagt Josef Mayer, „ich weiß des eigentlich nicht, aber es gibt viele Versionen und Vermutungen. Irgendwie von am Schloss war amal die Rede ..."

Schloss „Spitzo" vielleicht? Die Theorie scheint sich zu erhärten. Aber heutzutage ist weit und breit kein Schloss mehr zu entdecken. Gerda Holzhey, geborene Mayer, was wissen Sie über den Ursprung von Spitzispui? „Ich bin zwar in Spitzispui aufgewachsen, mir gefällt's da und es is schee, aber ich hab mir noch nie darüber Gedanken g'macht." Doch Mayer Senior kennt Geschichte und Geschichten: „Der Name kommt von einem Raubritter, der hat sich ‚Spitzo' g'schrieben. Der hat dort oben im Wald gehaust. Und aus ‚Spitzo' hat man irgendwann ‚Spitzispui' draus g'macht."

Also ein Raubritter war der Spitzo? Ein letztes Mal spitzen wir noch die Ohren, denn Heimatpfleger Peter Hartmann hat zwei gänzlich ritterfreie Namensdeutungen auf Lager. Erklärung eins: „Der Bauer der Einöde Spitzispui darf seine Kühe nicht in die ‚Spui' treiben, das könnte eine nasse Wiese gewesen sein. Die zweite Deutung bezieht sich auf eine mundartliche Redewendung, ‚der Bauer auf der Bergspitze'. Der Wortsinn ist: ‚Ich baue mein Haus im Tal und spucke auf die Hochebene.'"

„Spitz – i – spui": ich spucke entweder auf die Spitze. Oder weide mein Vieh nicht auf der ‚Spui'-Wiese. Sprachwissenschaft scheint vor allem ein Rätsellösen zu sein, eine Art Spiel. Da ist für ernsthafte Raubritter einfach kein Platz ...

Kleine und große Felsbrocken finden sich hier, Kiesel in allen Formaten haben sie da in Steinamwasser am Rand des Landkreises Amberg-Sulzbach. Die Einwohner leben schon immer mit den Steinen rund um den Ort. Derzeit sind sie einhundertachtzehn Steinamwasserer. Der Ort ist zwar nicht steinalt, hat aber Geschichte, erfahren wir von Ludwig Götz: „Des Dorf hat neun Häuser und da hat's früher geheißen: Drei Bauern, zwoa Müller, zwoa Wirt, a Schuster und a Hirt – des war des ganze Dorf."

Die Mühle wurde vor einigen Jahren abgerissen, Schuster und Hirt: Fehlanzeige. Aber die zwei Wirtshäuser gibt es noch im Dorf – zur Freude der drei Bauern. Einer davon, Josef Gradl, hat seine eigene Theorie, wie die Steine ins Tal kamen: „Das Tal wurde früher vor Millionen Jahren ausgespült und dabei sind halt die Felsen übriggeblieben. Das geschah also praktisch durch die Tallage hier bei Steinamwasser."

Aha, aber woher kommt dann der ungewöhnliche Name, fragen wir zwei andere Steinamwasserer, Reinhard und Stefan Frank: „Steinamwasser kommt mit Sicherheit von den Felsen, von den Steinen am Wasser. Wir haben hier zwei Bäche und jede Menge Felsen, die sind Ausläufer von der fränkischen Schweiz – und daher kommt der Name."

Von den Felsen und vom Wasser? Na, das ist ja fast zu einfach, vielleicht weiß es Frieda Beyer noch genauer, woher der Namen kommt: „Leider nicht von den schönen Felsen, die das Dorf umrahmen, sondern von unserer Raubritterburg überm Wirtshaus."

Na also, wenigstens eine Steinamwassererin kennt sich aus in der Dorfgeschichte. Und Heimatforscher Alfred Graf weiß es ganz genau, wie Steine, Wasser und Ritterburg zusammengehören: „Diese Burganlage war bereits im 14. Jahrhundert eine Ruine. Aber der Name ‚Steinamwasser' – zusammengeschrieben, also nicht ‚Stein am Wasser' getrennt – ist eben die Burg am Wasser, am Flembach, der hier durch diesen Ort fließt."

Die Raubritterburg, genannt „Stein", gab dem Ort den Namen. Die Felsen haben mit dem Namen nichts zu tun. Und das obwohl sie so schön sind – und zweifellos steinalt ...

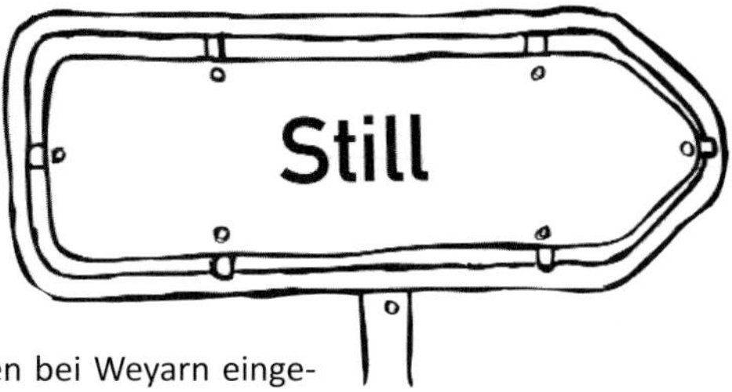

Auf der Flucht vor dem unerträglichen Lärm der Großstadt fahren wir durch den ohrenbetäubenden Radau auf der A8 Richtung Süden, kurven bei Weyarn eingekeilt zwischen rumpelnden Brummis rechts raus, verlassen bald auch die weithin dröhnende Landstraße nach Schliersee –

– und sind endlich, endlich am Ziel:

Still.

In Still gibt's nur ein Haus.

Als wir klingeln, bleibt alles ruhig.

Keiner da? Oder will sich hier einer nur nicht seine wohlverdiente Ruhe stören lassen? Vielleicht liest er gerade Kurt Tucholsky, der mal geschrieben hat: „Es gibt vielerlei Lärme. Aber es gibt nur eine Stille." Wie schön.

Marco und Katharina kommen gerade mit Pferd Moritz auf einem Ausritt nach Still. Laut sind sie nicht. Und das bisschen Hufgeklapper ist eigentlich ganz angenehm. Wissen die drei vielleicht, warum Still Still heißt? „Keine Ahnung. Weißt du was, Moritz?“ Doch das Pferd weiß auch nichts, bleibt einfach stumm. Sehr sympathisch.

Wir treffen Hinrika und Horst Lex, die beiden hatten gleich nebenan im ehemaligen Zehenthof lange Zeit ihr Kunstkabinett. „Ich weiß nur“, sagt Horst, „dass hier auch Stille sein kann. Im Winter vor allem. Große Stille.“

Vielleicht ist dies ein Ort, wo eigentlich immer ein wenig „staade Zeit“ ist? Ein Weiler mit eingebauter Weihnachtszeit? Doch ehe uns so viel Ruhe zu viel Ruhe wird, fragen wir Martin Grabmaier vom Heimatverein: Wie kam diese malerische Einöde Still zu ihrem Namen?

„Früher ist das nicht als ‚Still‘ bezeichnet worden, sondern hieß ‚Stiedel‘ und noch weiter zurück ‚Stindel‘. Und daher nimmt man an, dass noch viel früher der hiesige Hofname ‚Augustin‘ zum ‚Augustindl‘ wurde – und dann letztendlich zum ‚Stindel‘.“

Jetzt war's der liebe Augustin? Offenbar: Ein Augustin Hagen hat um 1700 nachweislich hier gelebt. Augustindl, Stindel, Stiedel, Still – das sind uns definitiv zu viele Worte um so einen beschaulichen Ort. Drum ab ins Auto und schnell in den Pfaffenwinkel nach Böbing – da gibt's einen Ort namens: Ruhe!

Im Naturpark Steinwald, kurz nach Erbendorf im Landkreis Tirschenreuth, geht's rechts nach Straßenschacht. Ein paar Häuser in einer inzwischen beschaulichen Gegend, die Bundesstraße geht schon viele Jahre woanders lang. Fünfzehn Einwohner.

Etwas außerhalb liegt die Paterlhütte, dort treffen wir zwar auf lauter Sachsen und Dortmunder. Aber oft weiß ja der Fremde über die Heimat mehr als der Einheimische – oder, Manfred, Aline und Jörg? „Woher Straßenschacht kommt? Ick wohn nicht hier, ick weeß det nich und du? – Vielleicht, weil es die Unterführung hier gibt? – Nee, die war doch bestimmt noch nich da, als das den Namen bekommen hat. Also ich weiß nix. Und Bergbau jibt's hier auch nich."

Keen Bergbau, soso, ob Aline da recht hat? Bevor wir dieser Spur nachgehen, bleiben wir erst mal oberirdisch und machen eine Umfrage unter den Straßenschachtern: Was verbinden sie mit dem Namen? „Straßenschacht klingt schon irgendwie dumm", sagt Matthias, „also das muss man scho sagen." „Aber des stört mich ned", sagt Gertrude, „es ist schön zu leben da ..." Und Berta, auch eine echte Straßenschachterin, ergänzt, „na ja, ruhig ist es halt da!"

Ruhig? Aber vielleicht ist diese Ruhe nur oberflächlich. Vielleicht schaut es ja unter der Oberfläche gleich ganz anders aus? „Also ich nehm an, dass der Name daher kummt, dass früher zwischen dene zwei Häuser da ein Schacht eineganga is." Bertas Theorie zum Namen „Straßenschacht" geht eindeutig in Richtung Bergbau. „Da, unter dieser Fichte ist er reingegangen. Hinter den Apfelbäumen ist ein Schacht, und drunter ein Bergwerk."

Kann das wirklich so einfach sein? Kommt der Name ‚Straßenschacht' einfach von ‚Schacht' und ‚Straße'? Tatsächlich wurden hier einst Silber, Blei, Kupfer, Zink und Steinkohle abgebaut. Heimatforscher Josef Rittinger klärt uns auf:

„Hier waren Schächte, der ganze Silberrangen da war mittelalterlicher Bergbau. Es gibt sogar eine Familie, die hat vom Hausnamen her die ‚Boorma' geheißen. Die ‚Boorma' kommen wieder vom ‚Bohrmann', das waren Leute, die gebohrt haben."

Noch heute ist die ganze Umgebung ein Dorado für Geologen und Mineraliensammler. Aber seit 1927 bohrt hier keiner mehr, die Stollen verfallen. Aber geben tut's sie in der Tiefe noch immer, die Schächte unter den Straßen von Straßenschacht ...

Das kann doch gar nicht sein, das glaubt uns einfach keiner! – Aber es ist so: Wer von Norden kommend nach Streitheim im Landkreis Augsburg fährt, kommt kurz zuvor durch den Weiler „Ehgatten". Zufall oder nicht? Wir gehen der Sache auf den Grund und fragen gleich nach in Streitheim, gibt's hier mehr Ärger als anderswo?

„Nein, wir san ganz normale Leut da", sagt zum Beispiel Michael Sailer. Und Ehepaar Möckl behauptet: „Ein wenig g'stritten wird überall. Hier net mehr wie woanders."

Aber woher kommt der Name denn dann? Die Streitheimerinnen und Streitheimer werden sicher oft auf ihren konfrontativen Ortsnamen angesprochen. Markus Dums ist zwar frisch zugezogen, kennt sich aber schon aus: „Es gibt einen Einwohner in Streitheim, der heißt ‚Streit'. Vielleicht kommt der Name von dem sein Großvater?"

Vom Herrn Streit seinem Namen kommt Streitheim? Dann sind die Einwohner selber vielleicht ganz versöhnlich? Die Frau Möckl zum Beispiel, die ist so friedlich, dass sie den Frieden gleich im Vornamen hat, wenn auch ihr Mädchenname in eine ganz andere Richtung ging: „Früher, wie ich in d' Berufschule gekommen bin nach Neusäß, haben dort viele g'sagt: Eine geborene Bissinger und dann auch noch aus Streitheim? Nur mein Vorname Elfriede hat das Ganze ein bisserl aufgehoben."

El-„friede" „Biss"-inger aus „Streit"-heim. Schöne Kombination. Nur woher dieses „Streitheim" kommt, das wissen wir immer noch nicht, oder, Johann Gleich? „Ich hab mal gehört, dass es früher verschiedene Namen gab, also ‚Stritheim' und ‚Streithein', aber wo und wie der Name entstanden ist, das kann ich Ihnen net sagen."

Friedvollste Ahnungslosigkeit liegt über ganz Streitheim. Wir wenden uns an Kreisheimatpfleger Prof. Dr. Walter Pötzl: „Man erklärt es in der Regel dadurch, dass hier ein bischöflicher Forsthof war, wo Rechtshändel ausgetragen wurden. Wo also richtig gestritten wurde. Sei es vor Gericht oder sei es tatsächlich ..."

Hier ging's mal richtig zur Sache! Sehr beruhigend, dass „Streitheim" also doch vom „Streiten" kommt. Und vielleicht lebt die Tradition ja wieder auf, vielleicht wäre das sogar ein neues Tourismus-Modell für die beiden Orte: Kurzurlaub mit Erledigung des ab und zu selbst in den besten Familien nötigen Beziehungskrachs in Streitheim – und Versöhnung dann drüben in Ehgatten ...

Fährt man vom Hohen Peißenberg nach Sulz, gibt's zwar einen schönen Bergblick, aber kein Ortsschild, Sulz ist nämlich nur ein Ortsteil von Peißenberg. Hinweisschilder aber gibt's ringsherum genug. „Sulz“, das klingt nach einer kräftigen bayerischen Brotzeit. Und da langen die Sulzer natürlich gerne zu, sagt uns Gotthard Hasler. „Ich ess' persönlich gern a Sulz, des hat aber mit Bad Sulz nichts zu tun!“

Die Sulz ist ja ein bayerisches Nationalgericht, klar. Was aber soll „Bad Sulz“? Wir wissen ja, dass es beim Sulz- oder Sülzemachen am alles entscheidenden Punkt darum geht, Fleisch in eine Flüssigkeit zu legen. Aber Sulz darum gleich „Bad“ zu nennen? Das erscheint uns übertrieben ...

Über so schwierigen Fragen knurrt uns eh schon der Magen. Doch auch wenn das Gasthaus gleich ums Eck ist – gegessen wird später. Erst müssen wir rausfinden, warum Sulz Sulz heißt. Wir wenden uns noch mal an Gotthard Hasler. „Früher war hier in Bad Sulz ein Hotel, ein ‚Bad-Hotel‘. Daher kommt der Name Bad Sulz. Da soll sogar der Spitzweg schon mal da gewesen sein!“

Der Maler Spitzweg in Sulz? Malerische Ecken gibt's ja schon. Und gleich am Ortsrand beginnt ein „Spitzwegwanderweg“. Aber was hat das alles mit dem Ortsnamen zu tun? Die Rettung naht: Heimatpfleger Heinz Bauer. „Der Ortsname Sulz kommt von den mineralsalzhaltigen Heilquellen, die hier am Fuße des Hohenpeißenbergs entsprungen sind. Namentlich kommt Sulz also von Salz, das hat sich dann nur umtransformiert!“

Quellen gibt's immer noch in Sulz. Das Bad mit dem alten Hotel wurde leider in den 80er Jahren abgerissen. Und mit dem Abriss des Hotels ‚Bad Sulz‘ sind auch die mondänen Gäste verschwunden. Die gingen früher in dem kleinen Ort ein und aus, erzählt Heinz Bauer. „Nicht nur der Spitzweg, sondern auch eine Prinzessin aus Possenhofen ist hierhergekommen. Die Sisi! Die hat hier als Tochter des Herzog Max Joseph im nahegelegenen Sulzer Weiher ihre Schwimmkünste versucht. Und dort, man erzählt sich's hinter vorgehaltener Hand, habe sie einmal sogar ‚nackert‘ gebadet!“

Doch selbst eine nackte Prinzessin kann uns jetzt nicht mehr reizen. Wir haben Hunger! Zu allem Pech hat das Gasthaus geschlossen, aber wir kehren in Peißenberg zur Post ein und bestellen erst mal – na was wohl ...?

Bei der Gemeinde Etzelwang im Landkreis Amberg liegt der Ort „Tabernackel". Ein wahrlich christlicher Ortsname – sogar mit einem „c" zu viel! Aber ob dieser Name auch tatsächlich von der Kirche herkommt, das verraten uns die Tabernackeler besser selbst. Also, wie schaut's aus mit der Ortsnamenskunde, Erich Worbs? „Vermutlich hat ‚Tabernackel' mit der Kirche was zu tun, das wird ja genauso gesprochen wie in der Kirche der Tabernakel. Aber trotzdem fragt jeder Fremde erst mal: ‚Was ist das?' Diese Frage kommt schon oft."

Tabernackel, Tabernakel, Bibel, Lamm – wir erfahren, dass auch die Tabernackler Schäferin Elisabeth Fischer schon mal eine Geschichte über Tabernackel gehört hat: „Da war hier in der Gegend mal eine Kapelle gestanden, die ist im Krieg bombardiert worden. Und ausgerechnet der Tabernakel ist stehen geblieben!"

Bloß: Da gibt's noch den Thomas Blos, der eine ganz andere Geschichte weiß: „Der Name ‚Tabernackel' ist eine Ableitung von dem Wort ‚Gowanogl'. Und der ‚Gowanogl' ist eigentlich ein Nagel, den früher die Bauern benötigt haben, um ihre Leiterwägen zusammenzunageln."

Vom „Tabernakel" zum „Gowanogl" oder umgekehrt? Das überzeugt uns noch nicht ganz. Aber Thomas Blos weiß noch mehr: „Und später, als die Landvermesser kamen – denn vor ungefähr 150 bis 200 Jahren ist das alles erst vermessen worden –, da konnten die Landvermesser mit dem Namen ‚Gowanogl' nix anfangen und haben dann einfach den Namen auf ‚Tabernackel' geändert."

Wir haben das Gefühl, der Leiterwägen-Theorie noch etwas entgegensetzen zu müssen. Also fragen wir einfach mal bei der Geistlichkeit nach. Pfarrer Michael Kneißl erklärt uns: „Es finden sich in den Unterlagen über unsere Gegend keine Hinweise darauf, das es früher ein Gotteshaus mit einem besonderen Tabernakel hier gegeben hat. Aber vielleicht sagt der alte Ortsname, der noch überliefert ist, mehr darüber aus." Und seine evangelische Kollegin, die Pastorin Barbara Meister-Hechtel, führt quer über alle Kirchengrenzen diesen Ansatz noch ein wenig aus: „Wir finden in den alten Kirchenbüchern den Namen ‚Kobernackel'. Man vermutet, dass der von Schafs-‚Koben' stammt. Dass in der Gegend Schafzüchter gelebt haben."

Von Schafskoben – das könnte die Lösung sein. Und weil's in Tabernackel noch immer Schafe gibt, wollen wir der vereinten Geistlichkeit auch Glauben schenken ...

Herzlich willkommen im Naturpark „Nördlicher Oberpfälzer Wald“ an der Grenze zur Tschechischen Republik! Herzlich willkommen auf dem „Grünen Dach Europas“! Herzlich willkommen in – „Thomasgschieß“!

Der kleine Ort mit dem sonderlichen Namen liegt, zwei Kilometer von der Marktgemeinde Eslarn entfernt, in einer Talmulde und besteht fast nur aus Bauernhöfen. Kein Wunder also, dass an dem sonnigen Tag, an dem unser Reporter Thomasgschieß besucht, alle Bauern ihre Gülle ausbringen. Sollte das schon ein erster Hinweis auf die Herkunft des Ortsnamens sein? Da rollt auch schon das nächste Güllefuhrwerk an – Thomas Kleber, stinkt Ihnen der Name des Dorfes, in dem Sie leben? „Da wird man zwar oft belächelt, aber ich kann damit leben. Bei uns sagt man: ‚Es gibt nur ein Paradies – und des heißt Thomasgschieß‘!“

Aber woher kommt er, der belächelte Name? Die Thomasgschießerin Gabi Ebnet hat Überlieferungen gehört, „wo’s heißt: Des hängt mit einem Jäger zusammen, der sagte, ‚in Thomas wird g’schossen‘. Genaueres weiß man aber ned.“

Dabei wirkt der Ort so friedlich – doch Bauer Schorsch Ebnet kennt sogar detaillierteste Einzelheiten einer solchen Jäger-Pistole: „Da hat einer bei der Jagd die Hos’n ausleern müssen, und der andere hat sein G’wehr an einen Baum ang’lehnt, worauf der Erste g’sagt hat: ‚Nachbar Thomas, schieß du auch, dann schießen wir beide!‘ Und so soll der Name entstanden sein.“ Nun ja. Klingt irgendwie nach Jägerlatein.

Und die Klebers, auch sie echte Thomasgschießer, haben sogar noch eine religiöse Variante auf Lager: „Da gibt’s eine Sage, hier sei mal der Jesus mit seinen Jüngern auf der Jagd g’wesen. Und da sagte der Jesus, wie er einen Hirschen laufen sah, zu einem der Jünger: ‚Thomas schieß, Thomas schieß!‘ Und da ist dann der Name Thomasgschieß entstanden.“ Jesus und seine Jünger wildern im Oberpfälzer Wald? Was für eine Geschichte!

Eine etwas glaubhaftere Version, wie Thomasgschieß zu seinem Namen kam, hat Bürgermeister Reiner Gäbl aus Eslarn parat: „‚Thomas‘ lässt sich damit erklären, dass früher ein herrschaftlicher Verwalter dieses Namens den Ort verwaltet hat. Und ‚Gschieß‘ kommt nicht daher, dass dieser Herr Thomas einer ohne Manieren gewesen wäre, der überall seine Duftmarken gesetzt hat. Sondern ‚Gschieß‘ kommt von abschüssig. Man konnte also nur bergab in diesen Ortsteil gelangen!“

Nun: Duftmarken werden von den Thomasgschießern heute trotzdem noch gesetzt.

Zum Beispiel an sonnigen Tagen – mit dem Güllefass …

Bei Eggolsheim in Oberfranken liegt „Tiefenstürmig“ – in einen Talkessel gebettet im Landkreis Forchheim. Das 180-Seelen-Dorf Tiefenstürmig liegt tief, na klar, aber ist es dort wirklich stürmisch? „Stürmen tut's überhaupt ned. Wir brauchen vor keinem Sturm Bedenken haben“, beruhigt der Tiefenstürmiger Alfons Nagengast, „bei uns ist es doch sehr ruhig. Des kennen mir gar ned.“

Markus, der Nachwuchsstürmer im örtlichen Fußballverein, weiß trotzdem ganz genau, woher der Name Tiefenstürmig kommt: „Von stürmisch!“ Vielleicht meint er ja das Temperament der Tiefenstürmiger?

Alfons Model, der Dorfälteste, sollte wissen, woher der Name kommt: „Das hat nicht immer ‚Tiefenstürmig‘ g'heißen. Das hat früher mal ‚Tiefensturmich‘ g'heißen. Aber ich bin noch ned so lang da, ich bin erst 60 Jahre da.“ Ach so, erst 60 Jahre – quasi ein Neu-Tiefenstürmiger ...

Eva Gebhard-Scholtyssek, die ist wirklich neu hier: Erst seit fünf Jahren ist sie eine Tiefenstürmigerin. Und sie bringt noch einen anderen Namen ins Spiel: „Ich denk', des warn die Störmicher.“ Wie bitte? Also die Stauffer kennt man, die Kelten und Germanen. Aber wer sind oder waren die Störmicher? Woher kamen sie und wozu waren sie gut? Und: Haben sie Tiefenstürmig wirklich den Namen gegeben?

In alten Büchern sollte man nachschauen, das meint auch Josef Kraus: „Ich hab' in der Schul' gelernt, des hat früher ‚Tiefensturmari‘ g'heißen. Aber dann, wie sich das geändert hat ... Es gibt Bücher drüber, aber wo die halt rumliegen?“

Einen Mann gibt es, der weiß, wo diese Bücher rumliegen: Otto Voit, der Heimatpfleger aus Forchheim. Und er hat sogar drin gelesen in den Büchern: „Also ‚stürmig‘, das kommt daher, dass die ‚Stürmeri‘ früher mal ein Volksstamm in Sachsen gewesen sind. Und die sind von Karl dem Großen teilweise hierher verfrachtet worden.“

Ein Sachsendorf mitten in Franken! Da mag es früher sicher stürmisch zugegangen sein. Heutzutage aber haben sich die Stürme über Tiefenstürmig längst gelegt. Und wenn einer stürmt, dann nur dem Fußball hinterher ...

Zwei ganz kurze Vokale und drumherum acht Konsonanten: „Triftlfing"! Triftlfing im Landkreis Regensburg gehört zur Gemeinde Aufhausen und liegt gerade noch in der Oberpfalz. Es gibt ungefähr 200 Bewohner, deren Häuser entlang der Ortsstraße liegen. Woher der Name kommt? Wir fragen den Ebentheuer Anton: „Also ursprünglich soll das ja ‚Triftlingen' g'heißen haben. Erst ‚Triftlingen', dann ist ‚Triftelfing' draus geworden. Und heut ist's ein ganz schwer schreibbarer Name: ‚Triftlfing'."

Schwer schreibbar und schwer sprechbar! Aber vielleicht ist die Herkunft leicht entschlüsselbar, Anton Beck? „Also wir haben mal in der Schule g'hört, der Name soll früher ‚Triftleibling' g'wesen sein. Aber wo das nun wieder herkommt? Vielleicht, weil es ziemlich nass bei uns ist. Also dass es vom Wasser kommt, das da irgendwo mal eine Drift durchgegangen ist, das wär' vielleicht eine Möglichkeit."

Eine heiße, wenn auch feuchte Spur. „Das soll von ‚triften' kommen", hören wir aber auch von anderen Triftelfingern, „oder von ‚driften'. Also wenn man vom Wald her über den Fluss die Bäume bringt, hat man dazu nicht ‚gedriftet' g'sagt?"

Aha, vom „Holztriften" käme der Ortsname dann, also vom Holztransport über den Fluss, aber ohne dass dabei die Stämme zu Flößen zusammengebunden wären. Bei den Homeiers hören wir von einer ganz anderen Theorie, dass nämlich „der Name ‚Triftlfing' aus der Römerzeit kommt. Weil der, wo damals zur Gründungszeit das Dorf beherrscht hat, der hat ‚Triftus' g'heißn." – Wir erinnern uns dunkel zurück an die eigene Schulzeit: Hat nicht auch Cäsar einst gesagt: „Lieber bin ich in Triftlfing der erste Bürger als in Rom der zweite!" Nein? Das war zwar Cäsar, aber an einem völlig anderen Ort? Na gut ...

Der wirklich Erste in Triftlfing, Bürgermeister Johann Jurgovsky, kennt sich dafür erstklassig aus mit der Herkunft dieses Ortsnamens: „Es kommt von ‚Tritliob'. Und ‚Tritliob' ist ein germanischer Vorname. Die Bedeutung ist also: ‚Hier ist eine Siedlung des Tritliob'."

Das also ist des Rätsels Lösung: „Tritliob". Immerhin drei Vokale und nur fünf Konsonanten – aber trotzdem spricht sich „Triftlfing" irgendwie viel leichter ...

Unsernherrn ist eigentlich ein Stadtteil von Ingolstadt. Und genau wie mitten in der Stadt geht's auch zu auf der B13, die quer durch Unsernherrn führt. Dabei verweist doch der Name eher weg vom Trubel des Diesseits, von Verkehr und Geschäftigkeit. „Unsernherrn" – das klingt eher nach Einkehr, Gebet, Stille ...

Trotzdem werden wir jetzt mal Georg Kroll, den ersten Herrn, den wir in Unsernherrn antreffen, ganz diesseitig fragen, wo der Name seines Stadtteils eigentlich herkommt: „Na ja. ‚Unsernherrn' soll von einer Begebenheit herkommen, dass Räuber in Hundszell, der Nachbargemeinde, Hostien geklaut haben. Und hier, wo die heutige Sankt Salvatorkirche steht, sollen s' vergraben worden sein."

Und wie kam es dann zum Namen „Unsernherrn"? Die Messnerin Irene Knoll könnte Genaueres über diese Geschichte wissen: „Unsernherrn ist eine Fronleichnamkirche. Hintergrund ist die Legende, dass Hostien aus einer Kapelle in dieser Gegend gestohlen wurden ..." – „... und zwar in einem Tabernakel", ergänzt Anton Schmidmeier, „und den haben die Räuber dann unter einem Birnbaum ausg'leert ..." – „und dann ist Wallfahrern aufg'fallen", erzählt Konrad Weiß die Geschichte zu Ende, „dass da allweil Vögel um den Baum rumkreisen. Dadurch hat man die Hostien gefunden. Und von dem her kommt also der Name ‚Unsernherrn'." – Der historischen Wahrheit halber muss man allerdings hinzufügen, dass solche Legenden über „Hostienfrevel" in ganz Europa zwischen dem 13. und 16. Jahrhundert Konjunktur hatten. In der Regel ohne faktischen Hintergrund wurde dann Juden und „Hexen" ein solches Verbrechen vorgeworfen – als Vorwand, um mit aller Härte gegen diese armen Menschen vorzugehen ...

Unabhängig davon hat in Sachen „Unsernherrn" der Edmund Hausfelder vom Stadtarchiv Ingolstadt ein paar spezielle Fakten parat: „Der Name ‚Unsernherrn' rührt her von einer Wallfahrt, die hier bis Anfang des 19. Jahrhunderts bestanden hat. Und zwar war das die Wallfahrt ‚zu unserem Herrn', zu Jesus Christus. Und der Ort Unsernherrn hatte, als er noch selbstständig war, in seinem Gemeindewappen ein ‚Ziborium', also ein Hostiengefäß."

Das Gemeindewappen sieht man noch am alten Rathaus. Und manchmal wünschen sich die Unsernherrner, dass die heutige Berufsverkehrs-„Wallfahrt" auf der B13 durch ihren Ort doch ein wenig nachlassen würde ...

Kommen wir nun zu den eher „pikanten“ Ortsnamen in Bayern. „Unterhöslwang“ gehört zweifellos dazu. Im Gasthaus „Zur schönen Aussicht“ treffen wir einige der Honoratioren, sozusagen Unterhöslwanger Oberschicht. Und von denen wollen wir wissen, wie sich dieser leicht pikante Name erklärt, zum Beispiel also vom Feuerwehrkommandanten Georg Loy. „Unterhöslwang ist schon in den ganz alten Karten drin als ‚Unterhöslwang‘, aber nirgends als ‚Unterhosen-wang‘ oder so ähnlich. Also von so was kommt der Name auf jeden Fall nicht. Und trotzdem haben uns schon ein paar Mal welche ans Ortstaferl eine Unterhosn hing'hängt ...“

Unterhosen am Ortsschild? Gerade mal 5 Bauernhöfe gibt es in Unterhöslwang. Die Kirche und das Kloster gehören zu Höslwang. Und wir fragen weiter. Wenn nicht von dem, was auf der Wäscheleine hängt, woher kommt der Name dann, Paul Linner? „Unterhöslwang ist natürlich das, was unterhalb von Höslwang ist. Weil's von der Höhenlage her praktisch unten im Tal ist. Und klar, der Name Unterhöslwang ist natürlich schon eher lustig.“

Wir kommen der Lösung schon näher. Und es weiß auch Johann Weiß was: „Unterhöslwang war allweil schon in der Landkarten vermerkt, weil eben schon ganz früh die Kreisstraße hier durchging. Nach Höslwang oder Oberhöslwang da hat man von unten abzweigen müssen.“

Aha. Ob Hans Gehrlein, der Wirt, noch besser Bescheid weiß? Können Sie uns sagen, wo der Name Unterhöslwang herkommt? „Unterhöslwang? Was i weiß, ist: Der Name ‚Höslwang‘ kommt ja anscheinend vom ‚Haselstrauch‘. Und weil's ja da den Berg runtergeht bei uns, da denk ich mir, dass vielleicht früher hier ein großer Haselstrauch war. Und wahrscheinlich hat es dann geheißen, der Ort hier ist ‚unterm Haselstrauch‘.“

Einen Haselstrauch haben wir keinen gefunden. Um aber trotzdem diese Nuss zu knacken, fragen wir Bürgermeister Andreas Hintermayr. „Unterhöslwang, der Name kommt tatsächlich von ‚Hasla‘ und das heißt: ‚ein mit Haselstauden bewachsener Hang‘. Und da hat es eben zwei Orte gegeben, das eine war der höher gelegene Ort ‚Oberhöslwang‘ – und der etwas tiefer gelegene, ich glaub so 40 Meter sind das, war ‚Unterhöslwang‘.“

So einfach ist das. Und sehr erleichternd: Denn einen kleinen Moment lang dachten wir selber auch schon daran, hier ein Unterhösl ans Ortsschild zu hängen ...

Kiefersfelden an der Grenze zu Österreich. Verlässt man die Autobahn, findet man gleich nach dem Kreisverkehr leicht nach „Unterkiefer“. Das war nicht immer so, sagt Heinrich Tiefenthaler: „Das ist erst aufgekommen, wie s’ jetzt die Tafel aufgestellt haben.“ Und Petra Kotterba vermutet: „Nachdem wir jetzt eine separate Ausfahrt gekriegt haben, wird’s bald jeder kennen, der da im Urlaub vorbeikimmt.“

Einige Unterkiefererinnen und Unterkieferer wohnen im Neubaugebiet aus den 60er Jahren, andere in alten Bauernhöfen. Wir wollen wissen, woher der Name „Unterkiefer“ kommt, und fragen bei den Alteingesessenen nach. Also, Manfred Stoller? „Na ja, von Kiefersfelden ist Unterkiefer halt ein Ortsteil. Es gibt ein ‚Oberkiefer‘ und ein ‚Unterkiefer‘.“

Allerdings: Einen Zahnarzt oder gar Kieferorthopäden haben sie nicht in Unterkiefer. Aber vielleicht sind wir mit Zahnheilkunde trotzdem auf der richtigen Spur. Gitta und Peter Neumann, Mund auf bitte: „Nein, mit dem menschlichen Gebiss hat das nix zu tun. Abgeleitet ist das halt vom Ortsnamen ‚Kiefersfelden‘. Aber mit Kiefer hat das nix zu tun, eher mit dem Baum Kiefer.“

Baum statt Backenzahn? Also machen wir uns auf die Suche, jetzt wo wir wissen, dass Kiefersfelden – abgekürzt „Kiefer“ – von den Kieferbäumen kommt. Aber in „Kiefer“ finden wir vor allem Koniferen, Palmen, Blautannen und Kugelbäumchen – und nur ganz zuletzt gerade mal eine einzige Kiefer.

Und wir finden einen Kiefersfeldener, der zu unserer Überraschung sagt: „Diese Namen kommen nicht von der Kiefer. Früher haben s’ zum steinigen Boden ‚kiefrig‘ gesagt. Und in der Gegend hat es halt recht viel so ‚kiefrige‘ Felder gegeben. Und von daher soll angeblich der Name kommen.“ Kiefersfelden käme demnach vom „kiefrigen“ Feld und weder vom Nadelbaum noch vom Gebiss.

Nette Theorie. Aber wie nun in Wahrheit „Unterkiefer“ zu seinem Namen kam, das weiß Heimatforscher Otto Plattner: „Im Ortsteil oben, ‚Kiefersfelden‘, sind die Felder ‚an der Kiefer‘. Und nachdem das oben demnach einfach ‚Kiefer‘ ist, und das Gebiet hier tiefer liegt, ergibt sich für diesen Ort hier: ‚Unterkiefer‘. Der Ort hat also mit dem Zahnhalter gar nix zu tun.“

Unterkiefer. Unterhalb von Kiefersfelden „an der Kiefer“. Ein schwieriger Patient, aber die Behandlung konnte erfolgreich abgeschlossen werden.

Wir fahren rauf nach „Kiefer“, also Kiefersfelden. Ins nächste Wirtshaus – denn wir brauchen jetzt unbedingt was zwischen die Zähne …

Ufos werden ja immer wieder gerne mal gesichtet – wenn sich irgendwo ein Nachrichtenloch auftut: schwupps, fliegt ein unbekanntes Flugobjekt durch! Von Sibirien bis Feuerland, von Los Angeles bis Kuala Lumpur – überall ist Ufo-Land.

„Upo-Land" dagegen gibt es nur in der Oberpfalz. Und in der Geschichte der Menschheit ist bisher auch nur ein einziges „Upo" gesichtet worden: Es gehört zur Gemeinde Hahnbach und liegt an der Bahnlinie zwischen Amberg und Hirschau.

„Upo": das ist die Abkürzung für „Ursulapoppenricht", ein Dorf mit 350 Einwohnern, denen ihr Ortsname einfach zu lang ist. Und die deshalb „Upo" sagen, wenn sie von ihrer Heimatgemeinde sprechen. Metzger Stefan Vogel zum Beispiel: „Für uns heißt das ‚Upo'. Weil, wenn einer ‚Ursulapoppenricht' hört, fängt er doch zum Lachen an. Und drum sagen wir halt ‚Upo'." Schade eigentlich: Ursulapoppenricht, das klingt doch wie Musik. Zumindest für die Freunde lustiger Ortsnamen …

Aber woher kommt der Name? Wir fragen eine Ursulapoppenrichterin: Andrea Schmidt glaubt, „das hat was mit der Heiligen Ursula zu tun oder so." Klingt logisch. Sankt Ursula, die Dorfkirche, wurde 1912 im neobarocken Stil gebaut. Teil eins des Ortsnamens scheint also geklärt.

Aber was ist mit Teil zwei? Helga Haas ist nicht ganz sicher: „Im Moment überleg' ich noch. Ich glaub', es hat a bisserl was mit dem Popo zu tun." Also kommt Upo sozusagen von Popo?

Wir brauchen fachkundige Hilfe – und treffen Heimatpfleger Ludwig Bauer. Der weiß, Popo hin oder her, über „Upo", genau Bescheid: „Der Name kommt von dem Bamberger Ministerialen ‚Poppo von Stierberg', der die Villa ‚Poppenreuth', die er da zum Lehen hatte, im Jahre 1216 dem Kloster Prüfening abtrat."

Durch einen Ministerialen namens „Poppo" entstand also einer der schönsten Ortsnamen in ganz Bayern. Und: Wenn wirklich mal irgendwann ein Ufo in Bayern landen sollte – dann sicherlich in „Upo" …

Es ist ein Name, in dem von vornherein eine Ahnung von Frühling mitschwingt, von unbeschwertem Leben, von Freiheit, Musik und Glücksverheißung: „Vogelsang". Vogelsang liegt direkt am Rand des Naturparks „Augsburg – Westliche Wälder". Die Vögel, die in dieser Gegend singen, kennen also nicht nur die Stadt mit ihrem Lärm, sondern auch die Ruhe und die gute Luft, die die Augsburger an diesem Naturpark direkt vor ihrer Haustür so schätzen.

Und in Vogelsang selber? Gibt's denn auch hier, wo mitten durch den Ort die Bundesstraße 300 brummt, noch Vögel? Wir machen eine kleine Umfrage und beginnen mit Johann Böse: „Vögel gibt's schon. Große und kleine." Wir fragen weiter und hören: „Kleiber, Meisen, Spechte ..." – „Rothkelchen, Elstern ..." – „Amseln", sagt Johann Böse, „da sind Amseln, da sind Stare. Ist eigentlich fast ein jeder Vogel da."

„Alle Vögel sind schon da", hat Hoffmann von Fallersleben – kurz bevor er sich auf Helgoland einnistete, um die deutsche Nationalhymne zu texten – einst gedichtet im vielleicht berühmtesten Frühlingslied überhaupt. Kein Wunder, denn „Vogelsang" gibt es nicht nur in Schwaben, erzählt uns Christoph Lotze: „Mich freut's immer, wenn wir irgendwo im Urlaub, vielleicht an der Nordsee droben, ab und zu noch ein ‚Vogelsang' sehen. Also so ganz ein separater Name für Bayern ist das ned. ‚Vogelsang' gibt es mehr. Und das ist ja schön. Es gibt schlimmere Ortsnamen."

Da mag er recht haben, denn gegenüber „Katzenhirn", „Kotzendorf", oder „Hoswaschen" ist „Vogelsang" eher harmlos.

Und woher kommt dann der Ortsname? Wir fragen einfach den Kreisheimatpfleger Prof. Dr. Walter Pötzl, der ist aus Augsburg eingeflogen – um uns die schöne Frühlingsstimmung so richtig zu verhageln. Denn er erklärt, der Name sei ursprünglich in einem entscheidenden Buchstaben anders gewesen! „‚Vogelfang' war der ursprüngliche Name! ‚Vogelfang' kommt aus dem Mittelalter. Aus der Zeit des Minnesangs, als für die damaligen Feste Vögel gefangen wurden."

Nix ist es also mit Frühlingsgefühlen, Glück, Musik und Freiheit. „Vogelfang" wurde hier betrieben und gab dem Ort den Namen. Und nun?

Nun da pfeifen wir doch einfach drauf ...

Wampen im Landkreis Wunsiedel. Normalerweise der Ausgangspunkt für viele Wanderer, die das Fichtelgebirge erkunden. Und vielleicht die eigene Wampen loswerden wollen?

Wo könnte dieser seltsame Ortsname herkommen, fragen wir gleich die erste Wampenerin, die wir hier treffen. „Ich weiß, dass irgendwann mal jemand gesagt hat, es sei vielleicht aus was mit ‚Gumpen' oder etwas Ähnlichem entstanden. Ansonsten – hab ich leider keine Ahnung." Nun ja. „Gumpen" gibt's auch, aber das liegt in der Oberpfalz. Der geborene Wampener Erich Thoma hat sich eingehender mit seinem Heimatort beschäftigt. „Ich habe früher gedacht, Wampen wäre einmalig. Inzwischen aber ist klar: *Ein* Wampen gibt es noch neben unserem. Bei Greifswald, an der Ostsee."

Wampen an der Ostsee? Gumpen? Wir haben den Eindruck, bei unserer Suche noch ganz am Anfang zu stehen. Und was war unsere erste Idee? Genau: Die Wampen, die es wahrscheinlich in Franken wie an der Ostsee gibt, und die ihre Entstehung vor allem im Schweinsbraten und im Weizenbier haben. In Wampen gibt's zwar kein Wirtshaus, aber vielleicht wird hier ja trotzdem ganz gern und gut gegessen. Fragen wir also Manfred Stulier, den Besitzer eines Reiterhofs. „Ich glaub' nicht, dass mir in Wampen besonders viele Leute mit Bauch haben. Ich denk', das geht auf den Boden zurück, auf diese moorige Bodenbeschaffenheit."

Von der Erde und nicht von den Rundungen? Vom Boden statt vom Bierbauch soll „Wampen" kommen? Helga Stöckert weiß noch Genaueres: „Wampen kommt von der Torfstecherei, die ganze Gegend, die Wiesen waren früher sumpfig. Und wenn man da drüberg'fahrn oder g'laufen ist, kam aus dem Boden so a Wampe raus, und dadurch ist der Name entstanden."

Torfabbau in Wampen, aha! Der Heimatforscher Dieter Hempel hat sich extra auf den neuesten Stand der Wampenforschung gebracht. Und die gipfelt in der Erkenntnis: „‚Wampen' war ein volkstümlicher Ausdruck für ein Gebiet, das sumpfig ist. Wo man auf etwas Weichem läuft und spürt: Darunter ist Wasser. Und ‚Wampen' als Name kommt wahrscheinlich genau daher."

Eine Erkenntnis, die uns sofort das Gefühl von unsicherem Boden unter den Füßen gibt. Um wieder eine kräftige Grundlage herzustellen, fahren wir also schleunigst zum Wirtshaus im nahen Thiersheim – zur Wampenpflege, versteht sich ...

Fährt man am Ostufer des Ammersees entlang, kommt man zwischen Herrsching und Fischen durch „Wartaweil“. Wartaweil liegt direkt am See. Der Ort ist kaum einsehbar. Häuser und Villen liegen versteckt am Ufer.

Wenn man in Wartaweil wohnt, kommen natürlich viele Fremde vorbei. Und die wundern sich über den Namen. Franz Xaver Sterr kann ein Lied davon singen. „Die Leute lachen erst mal, weil es ja einfach ein ungewöhnlicher Name ist. Dann fragen sie, wie schreibt man das. ‚Varta‘ wie die Batteriefabrik? Und dann muss man es erklären: wie ‚Wart ein Weilchen‘.“

Wart ein Weilchen. Nur auf was? Den Bus? Die Post? Die Post, sagt Franz Xaver Sterr, die hat da auch ihre Probleme: „Da kommt dann Post mit der Anschrift ‚Wallraffsweil‘ oder ‚Fallderweil‘ oder ‚Mautaweil‘ oder ‚Wasserweil‘ oder alles Mögliche, ich hab mindestens schon 50 verschiedene falsche Schreibweisen gesammelt.“

„Wartaweil“ – vielleicht einfach auf schöneres Wetter? Am Ammersee lässt es sich jedenfalls aushalten mit dem Warten. Aber kommt’s auch daher? Ahnungslosigkeit macht sich am See breit. Wir warten noch immer auf die richtige Erklärung.

Kurt und Susanne Wolf haben eine parat. „Also vom Hörensagen wissen wir nur, dass es dort hinten ein Entbindungsheim gab, früher. Und da hieß es natürlich auf die Frage, ist das Kind schon da, oft: ‚Wartaweil, wart halt, bis es gekommen ist.‘ Ob das aber nun die zutreffende Erklärung ist, wissen wir auch ned. So sagt man halt. Aber wir treffen ab und zu Leute, die hier tatsächlich geboren sind.“

Entbindungsheim gibt’s schon lang keines mehr am Ammersee. Aber drunten am See entdecken wir eine weiße Säule. Dort treffen wir uns mit der Archivarin Friederike Hellerer aus Herrsching, die uns die Lösung des Rätsels präsentiert. „Die Fischer vom Ammersee hatten als zweites Standbein die Überfahrt für die Pilger nach Andechs. Und einer dieser Fischer scheint eher ein gemütlicher gewesen zu sein. Wenn er gerufen wurde für die Überfahrt, hat er wohl öfter geantwortet ‚Wart a Weil!‘.“

Auf die Fischer wartet heute niemand mehr. Aber am Ammersee lohnt es sich eigentlich immer, auf irgendetwas zu warten. Auf schönes Wetter, auf Regen, auf den Sonnenuntergang oder Sonnenaufgang – oder einfach darauf, dass die Zeit vergeht …

Auf einer Anhöhe im Landkreis Bayreuth liegt direkt am Waldrand der kleine Ort „Wasserkraut". Wasserkraut? Sind das nicht diese Frühlingsblumen mit kleinen blassrosa Blüten, die anderswo auch „Wiesenkresse" oder „Wiesen-Schaumkraut" heißen?

„Unser" Wasserkraut, das nicht auf der Wiese steht, sondern an der Straße von Großweiglareuth nach Schwürz liegt, gehört zur Gemeinde Creußen und hat knapp fünfzig Einwohner. Einen davon, den Michael Szam, fragen wir gleich mal, woher der Ortsname „Wasserkraut" kommt. „Also früher hat's wohl mal anders g'heißen. Aber wie genau und woher dieser Name ‚Wasserkraut' kommt, das weiß eigentlich keiner."

Stimmt nicht ganz: Walter Schorr hat schon mal was über die Entstehung von „Wasserkraut" gelesen: „Es gibt Chroniken, die besagen, der Ortsname soll von einem Kraut kommen, das am Wasser wächst. Und die Gegend ist ja wasserreich. Wir haben am Berg da oben Quellen – und weiter hinten entspringt der rote Main."

Richtig: Der rote Main entspringt tatsächlich gleich ums Eck. Aber was hat der mit „Wasserkraut" zu tun? Denn um „Rotkraut" geht's ja hier nun nicht ...

Zumindest scheint die Herkunft des „Wasser-" im Namen gelöst. Und der Nachbar Hans Bär weiß noch etwas – eine Sage über den Ursprung des Ortsnamens: „Nachdem der Ort ja schon 600 Jahre besteht, heißt es, vor langer Zeit sei der bayerische König mal um seine Grenzen rumgefahren, um zu sehen, was ihm alles gehört. Und da sei er auch in Wasserkraut vorbeigekommen und soll gesagt haben: ‚Das ist ja eine jämmerliche Ortschaft. Nix wie Wasser und Kraut!'"

Ganz schön frech, der bayerische König. Vor allem hier in Oberfranken. Aber vielleicht ist ja in Sachen Ortsname am König gar nichts dran, Bürgermeister Harald Mild? „Genau. Der Ort Wasserkraut ist nämlich entstanden am Osthang des Wechsel- oder Wachsensteins, und zwar durch eine Rodung. Daher eben der ursprüngliche Ortsname ‚Wachsenstein' oder ‚Wachsengereuth'. Und aus diesem ‚Wachsengereuth' wurde dann: ‚Wasserkraut'."

Von einer Rodung am Hügel kommt „Wasserkraut". Das ist zwar vielleicht nicht so poetisch wie die Herleitung von einer Wiesenblume mit rosa Blüten. Aber allemal besser, als wenn im Ortsnamen einfach eine handfeste Beleidigung für alle Zeiten festgehalten wäre – und sei es auch die Beleidigung durch einen König ...

Bei Scheßlitz im Landkreis Bamberg in Oberfranken liegt das Dorf „Weichenwasserlos“. Ein ellenlanger Ortsname, der nur knapp auf das Ortsschild passt. Mitten durch das Dorf rauscht der Leitenbach und plätschert der Verkehr. Denn obwohl schon um das Jahr 800 urkundlich erwähnt, ist nicht viel los in Weichenwasserlos. Trotzdem oder vielleicht gerade deshalb lieben die 78 Einwohner ihren Ort.

Und wasserlos sind sie wahrlich nicht. „Ich hab mir schon manchmal Gedanken über unseren Ortsnamen gemacht“, erzählt Bauer und Organist Hans Hübner. „Vor allem darüber, warum er ausgerechnet ‚wasserlos‘ sein soll. Wir haben einen Bach durchfließen und wir haben Quellen – also: ich weiß es ned.“ Auch Hans Merklein kann sich's nicht erklären: „Wasser gibt's genug, da ist ein Bach, da ist Wasser. Aber der Name …?“ Tatsächlich, bei all der Blumenpracht, die in heißen Sommern dieses Dorf aufblühen lässt, darf es ja an Wasser gar nicht mangeln. Und auch die vielen Martinsgänse im Ort haben eigentlich genug zu saufen.

Oder kommt der Name daher, dass hier das Wasser besonders weich ist? Das wäre eine mögliche Erklärung – aber auch sehr banal. Da bringt einen der Wirt Michael Löhrlein doch lieber gleich wieder aufs Thema „Wassermenge“: „Hier kommen halt überall vom Hang die Quellen raus. Und der Bach, der geht auch nie aus, der ist noch nie eingetrocknet. Oben in ‚Dörrnwasserlos‘ dagegen ist es trockener.“

Härtere Fakten als all diese weichen Vermutungen liefert uns Franz Zenk, der Bürgermeister. Schließlich muss er von Amts wegen Bescheid wissen, was mit dem weichen Wasser los ist und woher das ‚los‘ in seinem Amtsbereich stammt: „Also ‚Losi‘ oder ‚Losä‘ bedeutet: Pacht zahlen für etwas, was man benützt. Und ‚Wasserlos‘ heißt somit ‚Pacht zahlen für Wasser‘. Gemeint ist ein Wasserrecht, das man sich erwirbt beziehungsweise nützt. Und ‚Weichenwasserlos‘ bedeutet, dass der Boden, der hier bearbeitet worden ist, weich ist, gut bebaubar.“

Aha, der verpachtete Wasserreichtum war es, der „Weichenwasserlos“ seinen Namen gab. Und eines ist sicher: Wanderer, kommst du nach Weichenwasserlos, dann ist dir vielleicht der Boden zu weich und der Name zu lang – aber wenigstens verdursten wirst du hier nicht …

Die bayerischen Berge bei Inzell. Hier ist man in null Komma nix zum Beispiel in – Wien! Von Inzell nach Wien sind es nämlich gerade mal zwei Kilometer. Denn „unser" Wien liegt in Bayern! In Wien fließt normalerweise die Donau, dreht sich in der Regel das Riesenrad und es grüßt aller Voraussicht nach der Turm vom Stephansdom. Andererseits wohnen in Wien zum Beispiel die Berliner Geschwister Hans-Arnim und Sibylle Berk und die Familie Graspeuntner. Von den Graspeuntners erfahren wir, dass sie ganz gern mal Fremde mit einer Einladung in die „Großstadt Wien bei Inzell" einladen. Und dass die Eingeladenen dann oft nur noch sagen: „Wo seid's ihr her? Was? Von Wien!?"

Die beiden Berks erzählen von früher, denn „als wir noch jung waren, haben wir damit auch viele Wetten gewonnen, wenn wir in Salzburg auswaren in der Disco. Da haben wir irgendwann gesagt, ‚Kinder, wir müssen jetzt gehen, wir müssen ja noch nach Wien fahren.' Da haben die gesagt, ‚was spinnt ihr denn?' ‚Ja, woll'n wir wetten, wir rufen euch an ...' Und dann haben wir meistens die Wetten gewonnen."

Heute fahren sie nicht mehr so oft in die Disco, die Geschwister Berk. Viel unterwegs ist dafür die Post. Die Graspeuntners erzählen, dass früher oft bei Briefen die Postleitzahl vergessen wurde und die Absender nur draufgeschrieben hatten: Wien in Bayern. „Erst nach drei Wochen oder noch länger hab'n mir die Post gekriegt. Da war'n oft vier Stempel drauf: Bezirk 1, Bezirk 2, 3, 4."

Schöne Geschichte. In Bezirke sind die paar Häuser in Wien natürlich nicht eingeteilt. Auch einen Heurigen haben sie leider nicht, die bayerischen Wienerinnen und Wiener. Aber sie berichten, dass manchmal sogar Auswärtige sich nach Wien verirren: „Wir haben sehr oft Touristen, die dann immer wieder das Lied anstimmen ‚Wien, Wien, nur du allein' und des is manchmal schon nervig!"

Wien, Wien, nur du allein, du sollst die Stadt meiner Träume sein. Wir möchten aber jetzt wissen, wie der Name Wien nach Bayern kam. Also fragen wir – aus Inzell ist er gekommen, das liegt wie gesagt gleich bei Wien – den Heimatpfleger Willi Preinfalk: „1635 hat ein Johann Wiener aus Lienz in Osttirol im Haus Schmid eingeheiratet. Und dann hat man g'sagt, die Wiener Schmiede, der Wiener Schmied, da geht's zum Wiener, und so ist der Ortsteil Wien entstanden."

Wien vom heiratslustigen Herrn Wiener. Heute leben Berliner in der alten Wiener Mühle – wer weiß, vielleicht heißt ja Wien irgendwann in Zukunft mal „Berlin" ...

Den heutigen Ortsnamen gibt es unglaubliche fünfzehn Mal in Bayern: „Wiesen". Welches Wiesen sollen wir uns also herausgreifen?

Nun, erstens sind wir ja grad in der Zeit vor dem „Wiesn"-Anstich – oder eben grad in der Zeit nach dem „Wiesn"-Anstich, das kann man so oder so sehen. Zweitens ist die „Wiesn" ja einst vom Bayerischen Königshaus gegründet worden. Darum liegt drittens „unser" heutiges Wiesen in der Gemeinde Königsdorf.

Wiesen in Königsdorf im Landkreis Bad Tölz-Wolfratshausen. Und wie nicht anders zu erwarten, gibt es hier einen Haufen Wiesen zu mähen. Wir fragen Willi Bahn, welche Wiesen ist ihm denn nun die liebste? „Die richtige Wiesen ist die ‚Wiesn' am Oktoberfest, das ist in München, in ‚Minga'. Aber wir sind hier draußen auch zufrieden und haben auch unsere schönen Festl."

Und wenn die gefeiert werden, schweigt der Rasenmäher. Was aber hört man als Wiesener auf der Wiesn? „Also wir waren mal am Oktoberfest, und da sagen welche zu uns, ‚wo kommts ihr her?' Und wir sagen: ‚von Wiesen'", erzählt uns Cornelius Kutschke, „und dann haben die sich den ganzen Abend gewundert, dass wir auf dem Oktoberfest daheim wärn. So machen mir halt a bisserl unsern Spaß."

Auf dem Oktoberfest daheim ist ja quasi die ganze Welt – und vielleicht hat Wiesen doch was mit der Wiesn zu tun. Wir stoßen da nämlich auf interessante Gemeinsamkeiten: Wir entdecken mitten in Wiesen Bierbänke und Zelte – und im Naherholungsgebiet Bibisee ist gerade o'zapft worden. Allerdings geht's hier in Wiesen etwas gemütlicher zu als in München.

Doch im Ernst: Sollte es tatsächlich einen Zusammenhang zwischen Wiesen bei Königsdorf und dem Oktoberfest geben? Einer, der schon von Amts her wissen muss, woher der Ortsname „Wiesen" kommt, ist der Bürgermeister. Nicht der von München, sondern natürlich Alfred Stangler aus der Gemeinde Königsdorf! „Hier die Bauernhöfe liegen in der Ebene, von Wiesen umgeben, und daher kommt wohl auch der Ortsname ‚Wiesen'. Der hat aber nix mit der Wiesn auf dem Oktoberfest zu tun."

Nix? Schade eigentlich. Eine zusätzliche Wiesn-Alternatve im Voralpenland wäre ganz gut gewesen. Wo doch hier in Wiesen die Maß noch ländlich-günstig ist, dagegen in München auf dem Oktoberfest unverschämte Fantasiepreise kostet ...

In der Gemeinde Marklkofen in Niederbayern gibt es einen ganzen Ortsteil, der den Namen „Wunder“ trägt. Wir richten uns schon von vornherein darauf ein, hier viele unglaubwürdige Geschichten aufgetischt zu bekommen und gerade hier auf strenger Skepsis und objektiver Distanz bestehen zu müssen. So. Das wäre geklärt.

Wundern tun sich die Wunderer übrigens selbst ab und zu darüber, was passiert, wenn sie ihre Herkunft nennen. Georg Atzinger zum Beispiel erzählt, „also zu mir sagen die Leut, die daherkommen, meist ned ‚Atzinger‘, sondern zu mir sagen s’: ‚Herr Wunder‘!“

Wunderbar fänden wir es jetzt vor allem, wenn uns die Wunderer helfen könnten, den Ortsnamen „Wunder“ zu ergründen. Wir fragen nach und erhalten – wir hatten nichts anderes erwartet – einen Reigen wundersamer Erklärungen:

„Es gibt eine Legende, dass der Herrgott einmal zu uns gekommen ist. Und er hat hier eine Nudel bekommen – eine Rohrnudl, eine Dampfnudl. Und hat g’sagt ‚oh Wunder, oh Wunder‘“, beginnt die Vilsmeier Therese. Und damit ist zumindest der Beginn der Geschichte klar: Der hungrige Herrgott bekam also in Wunder etwas zu essen geschenkt. Dann aber geht die Geschichte noch weiter. Denn auch die Nachbarorte bekamen ihre Namen dieser Legende nach vom durchreisenden Herrgott persönlich, erzählt der Birkner Georg: „Dann ist er weitergezogen Richtung Warth.“ Dort aber hätten ihm arme, hungrige Menschen sofort einen Teil der Rohrnudl aus der Hand gerissen. „Und dann hat er den Zeigefinger g’hoben“, führt Josef Veit die Geschichte fort, „und hat g’sagt: ‚Wart, Wart!‘“ Schließlich sei der Hergott dann ins heutige Unterfreinberg, den früheren Ort „Elend“, gekommen, „und da haben s’ ihm die restliche Nudel abg’nommen“, erzählt Therese Vilsmeier die fromme Legende zu Ende, „und dann hat er g’sagt: ‚oh Elend, oh Elend!‘“

Natürlich sind Legenden keine guten historischen Quellen. Wie „Wunder“ tatsächlich und objektiv zu seinem Namen kam, weiß bestimmt Markkofens zweiter Bürgermeister Otto Lommer: „Der Name ‚Wunder‘, also der kommt davon: dass nämlich der Herrgott vor vielen Jahren mal hier durchgewandert ist und hungrig war, und die Leute hier haben ihm eine Rohrnudel oder Dampfnudel ...“

Wir geben auf. Wo selbst seriöse Amtspersonen sich dem frommen Volksglauben unterordnen, da hat jeder Wunsch nach historisch-objektiver Nüchternheit sein Recht verloren. „Wunder“, da zweifeln wir nicht länger, bekam seinen Namen – durch ein Wunder ...

Am Westrand der Oberpfalz, im Landkreis Amberg-Sulzbach, liegt mitten in der Gemeinde Birgland der kleine Weiler „Wurmrausch". Fünf Familien leben in Wurmrausch, die meisten schon seit Generationen. Zum ersten Mal urkundlich erwähnt wurde Wurmrausch im Jahr 1043, seitdem sorgt der Name für süffisante Bemerkungen.

Davon können die 23 Wurmrauscher ein Lied singen, gell, Jochen Bauer? „Mei, irgendwann muss man ja mal zum Beispiel die Adresse angeben. Dann kommt sofort die ungläubige Frage: Wo wohnen Sie bitte?" Und Rosa Schwab erzählt: „Und dann sagen die Leute: ‚Haben bei euch die Würmer einen Rausch?'"

Nun ja. In Bayern kommt es ja schon mal vor, dass man einen g'scheiten Rausch heimträgt, aber trinken Würmer – und wären sie noch so bayerisch – tatsächlich Bier? Zumindest haben wir rauschige Würmer bis jetzt hier noch keine entdeckt. Dafür einen wahren Blumenrausch. Für den ist Wurmrausch bekannt, denn ganz in der Nähe wächst wild der Frauenschuh, eine seltene Orchideenart.

Aber zurück zu der ganz nüchternen Frage an Werner Kölbel, woher der Name nun kommt: „Der stammt von einem Adelsgeschlecht, ‚Wurmerischa' – aber sehr viel mehr kann ich Ihnen dazu auch ned sagen."

Ein Adelsgeschlecht derer „von Wurmrauscher Lichtenegg" hat's tatsächlich mal gegeben. Aber ob unser „Wurmrausch" zuerst da war oder die Adeligen, ist historisch nicht ganz klar. Eine ganz andere Erklärung leitet Bürgermeister Herbert Steinmetz von der wörtlichen Übersetzung ab. „Dieses ‚Wurmrausch' muss man in zwei Teilen übersetzen: ‚Wurm' oder ‚Würms' bedeutete im Mittelalter ‚Quellen'. Und ‚Rausch' oder im Mittelalter ‚Rischa' oder ‚Rusche' bedeutet ‚Sträucher'. Somit kann man das Ganze übersetzen mit ‚Ansiedlung in einer Sumpflandschaft'."

Vom Sumpf und nicht vom Rausch kommt demnach vermutlich der Name. Trotzdem:

Die Vorstellung von beschwipsten Würmern hätte uns schon auch gefallen ...

Jedes Jahr werden in Deutschland etwa 20.000 Menschen geboren, die später einmal von sich sagen können: „Ich bin ein Zwilling!“ Aber nur eine Handvoll Menschen können mit Fug und Recht von sich behaupten: „Ich bin ein Zwillinger!“ Die leben in Niederbayern. In einem Ortsteil des Marktes Arnstorf im Landkreis Rottal-Inn, eben in: „Zwilling“.

Ob’s auch Zwillinge unter den Zwillingern gibt? In Zwilling, Hausnummer eins, lebt der Josef Eder. Er ist zwar im Januar geboren, also Sternzeichen Steinbock, und Zwillingsbruder oder -schwester hat er auch nicht – aber weiß er vielleicht trotzdem, woher dieser Ortsname kommt? „Ja, man wird schon ang’sprochen, warum des ‚Zwilling‘ heißt. Aber ich kann nix dazu sagen, weil ich’s ned weiß.“ Also Fehlanzeige.

Eine Nachbarin vom Josef, waschechte Zwillingerin auch sie, hat zumindest eine Theorie, was die Geschichte des ungewöhnlichen Namens angeht: „Ob des vielleicht mal zwei Dörfer g’wesen sind?“ Und noch eine andere Version der Ortsnamen-Historie geht so: „Ich weiß, dass es irgendwann mal ‚Zwirning‘ g’heißen hat. Und ich geh’ davon aus, dass es irgendwann mal umgetauft worden ist, weil ein paar Zwillingspaare auf d’ Welt gekommen sind.“

Aha: also doch Zwillinge in Zwilling? Josef Eder erinnert sich: „Da hat’s mehr Zwillinge gegeben wie Normale, fast in jedem Haus! Und wenn in Zukunft mal Drillinge kommen, dann kann’s schon sein, dass es nachher ‚Drilling‘ heißt.“ Na, drum hat sein Nachbar wohl schon mal vorsorglich drei Garagen gebaut ...

Wie Zwilling aber wirklich zu seinem doppeldeutigen Namen kam, weiß Bürgermeister Alfons Sittinger: „Zwilling wurde erstmals 1520 erwähnt unter dem Begriff ‚Zwiglaren‘. Zwiglaren, das sind die ‚Zwigler‘, die Salzzwicker, die das Öffnen und Schließen der Salzfässer besorgt haben.“

Also, auf „Salzzwicker“ wären wir jetzt wirklich nicht gekommen. Aber eins steht fest: Wenn man so durchs Land fährt und viele Ortsschilder sieht, die ja meist eher nichts Auffälliges, sondern öfter auch mal was Langweiliges haben – dann sind etwas verzwickte Namen wie „Zwilling“ ohne Frage das Salz in der Suppe ...

Das erste „Ortsnamen-Menü" der Welt!

Speckbrodi mit Ochsenschenkel und Pumpernudl. So heißt das erste „Ortsnamen-Menü" der Welt!

Kreiert haben es die beiden „Wir in Bayern"-Schmankerlköche Michaela Hager und Andreas Geitl für das Finale des Wettbewerbs „Bayerns lustigste Ortsnamen!" am 8. März 2010. Denn als die beiden zum ersten Mal die Liste mit den Kandidaten zu sehen bekamen, haben sie gleich festgestellt: Manche dieser Ortsnamen machen richtig Appetit!

Entschieden haben sie sich schließlich für „Speckbrodi" (Landkreis Donau-Ries), „Ochsenschenkel" (Landkreis Erlangen-Höchstadt) und „Pumpernudl" (Landkreis Freising). „Ein arbeitsreiches Wochenende" habe es sie zwar gekostet, sich zu diesen Ortsnamen gute Rezepte einfallen zu lassen. Aber es hat sich gelohnt, berichtet Michaela Hager, die ihre gerade erst entworfene Nachspeise gleich an den Gästen ihres Lokals getestet hat: „Die Pumpernudl kam ausgezeichnet an!"

Und das sind die Rezepte:

Den Anfang des Ortsnamen-Menüs macht: „Speckbrodi". Ein richtig bayerischer Starter auf geröstetem Brot.

Zutaten:
4 Scheiben frisches Brot, in der Pfanne geröstet
75 g Frischkäse
50 g fein geschnittener Lauch
50 g geräuchertes Wammerl
2 Eigelb
etwas Pfeffer
etwas frischer Thymian
etwas Knoblauch

Zubereitung:
Wammerl in der Pfanne auslassen, aber ganz sanft, sonst wird es zu salzig. Lauch kurz mitdünsten, etwas Knoblauch und Thymian zugeben. Alles abkühlen lassen und mit Eigelb und Frischkäse mischen. Etwas Pfeffer und falls nötig noch Salz zugeben (vorsichtig salzen, da der Speck schon salzig genug ist). Fertige Masse auf die gerösteten Brote streichen und im Backofen bei ca. 190 Grad kurz backen. Backzeit richtet sich nach der Farbe: Wenn die „Speckbrodi" goldbraun sind, sind sie fertig.

Tipp: Besonders gut schmecken die „Speckbrodi" zu einem gut gekühlten Grauen Burgunder.

Nach den „Speckbrodi" zaubern die bayerischen Schmankerlköche: saftig geschmorte „Ochsenschenkel". Dazu gibt es Breznpflanzerl mit „Möhren" (Landkreis Weißenburg-Gunzenhausen) und „Kümmel" (Landkreis Lichtenfels) sowie Kartoffel-Endiviensalat.

Zutaten:
Fleisch: 1 kg Ochsenwade
Salz, Pfeffer
4 TL scharfen Senf
4 EL Mehl
Zum Anbraten: 30 ml Pflanzenöl
Für die Soße:
100 g Schalotten
80 g Karotten
80 g Sellerie
50 g geräucherter Speck in Scheiben
5 EL Tomatenmark
10 g Zucker
Gewürze:
Salz, Pfeffer, Zucker, Lorbeer, Wacholder, Piment, Zimt
Zum Auffüllen:
200 ml Rotwein
200 ml Bier
200 ml Apfelsaft
800 ml Rindsbrühe
Zum Abschmecken:
50 g Butter
2 EL Johannisbeergelee
1 EL Meerrettich aus dem Glas

Zubereitung:
Schalotten schälen und halbieren. Karotten schälen und in etwa 2 cm große Stücke schneiden. Sellerie waschen und in etwa 2 bis 3 cm große Stücke schneiden. Speckscheiben in etwa 2 cm breite Streifen schneiden. Ochsenfleisch in etwa 200 bis 250 g schwere Stücke teilen.

Braten ansetzen: Fleischstücke mit Salz und Pfeffer würzen, mit Senf einreiben, in Mehl wenden und anschließend in Öl von allen Seiten anbraten. Vom Feuer nehmen. Schalotten, Sellerie und Karotten in das Bratgefäß geben und gut anbraten. Tomatenmark und Zucker zugeben und kurz mitbraten, mit etwas Rotwein ablöschen. Einkochen, bis der Röstvorgang erneut beginnt, nochmals mit Rotwein ablöschen und wieder einkochen.

Gewürze zugeben und unter ständigem Rühren noch eine Minute weiter rösten, danach mit Apfelsaft, Bier und Brühe auffüllen. Fleisch in die Soße legen und ca. 1,5 bis 2 Stunden leise köcheln, bis das Fleisch gar ist. Nadeltest machen, Fleisch soll sehr weich sein. Fleisch aus der Soße nehmen und warmstellen. Soße passieren und auf gewünschte Konsistenz einkochen, Butter einrühren. Soße mit Johannisbeergelee und etwas Meerrettich abschmecken.

Ein Schmorgericht, welches nicht nur durch die kräftige Soße besticht sondern auch durch das saftig geschmorte Muskelfleisch.

Als Beilage gibt's Breznpflanzerl mit „Möhren" und „Kümmel"

Breznpflanzerl:
300 g Brezen vom Vortag (ca. 5 Stück)
ca. 150 ml heiße Milch
3 Eier
50 g Butter
1 kleine Zwiebel, fein gewürfelt
2 Karotten
1 EL Mehl
Gewürze:
Salz, Muskat, 1 TL Kümmel (klein gehackt), 3 EL Petersilie (in Streifen geschnitten)
Zum Braten: 3 EL Butter

Zubereitung:
Brezen in dünne Scheiben schneiden, mit der heißen Milch überbrühen und abgedeckt einige Minuten weich werden lassen. Eier einrühren, würzen mit wenig Salz, Muskat und gehacktem Kümmel. Zwiebelwürfel in Butter andünsten. Karotten schälen, grob raspeln und kurz mitdünsten, alles mit Mehl stäuben und zur Brezen-Ei-Masse geben. Petersilienstreifen zugeben und alles gut vermengen. Mit feuchten Händen Pflanzerl in gewünschter Größe formen und in Butter bei geringer Hitze braten.

Beilage: Kartoffel-Endiviensalat

Zutaten:
1 kg Kartoffeln
1 kl. Zwiebel
1 EL Salz
Pfeffer
2 TL Zucker
200 ml heiße Tafelspitzbrühe
2 TL scharfen Senf
4 EL Weinessig

2 EL Öl
1/4 Endiviensalatkopf, fein geschnitten
frischer Schnittlauch

Zubereitung:
Kartoffeln kochen, schälen und etwas erkalten lassen. Dann in feine Scheiben schneiden und mit Salz, Pfeffer, Zucker, Brühe, Essig und Öl anmachen. Zwiebeln schälen, fein schneiden und zugeben. Endiviensalat untermischen. Zum Schluss mit Schnittlauch bestreuen.

Nach „Speckbrodi" und „Ochsenschenkel" krönen unsere bayerischen Schmankerlköche Andreas Geitl und Michaela Hager das Ortsnamen-Menü mit einer süßen „Pumpernudl".

Zutaten:

Teig:
12 g Hefe
1 TL Zucker
etwas lauwarmes Wasser
1 Eigelb
40 g Zucker
40 g Butter (zerlassen, lauwarm)
125 ml Milch (lauwarm)
etwas Zitronenschalenabrieb
eine Prise Salz
Füllung für die Pumpernudl:
70 g Butter
50 g Pflaumenmus
1 cl gutes Zwetschgenwasser
2 TL Honig
1 Msp. Zimt
40 g zerbröselter Pumpernickel
50 g Zucker
60 ml Rahm

Zubereitung Teig:

Hefe mit Zucker und etwas lauwarmem Wasser verrühren. Mehl in eine Schüssel geben und in die Mitte eine Mulde drücken. In dieser Mulde angerührte Hefe und etwas Mehl mischen. Mit einem sauberen Küchentuch zugedeckt ca. 10 Minuten gehen lassen. Diesen Vorgang nennt man „das Dampferl". Restliche Zutaten (Milch, Eigelb, Zucker, Butter, Zitronenschale und Salz) zugeben und zu einem mittelfesten Hefeteig zusammenarbeiten. Teig muss richtig geschlagen werden und Blasen werfen. Zum Schluss mit etwas Mehl bestäuben und zugedeckt ca. 1 Stunde ruhen lassen. Schaut der Teig zu früh aus der Schüssel, einfach noch mal zusammenschlagen, das bewirkt, dass die Struktur des Teiges feinporiger wird. Der Hefeteig kann auch kalt gehen, z. B. im Kühlschrank. Das hat den Vorteil, dass die Struktur feiner wird, der Teig aber länger braucht, bis er geht.

Zubereitung Füllung:

25 g Butter schaumig schlagen. Pflaumenmus, Zwetschgenwasser, Honig, Zimt und Pumpernickel zugeben und alles gut verrühren. In eine Reine restliche Butter, Zucker und Rahm geben. Zutaten aufkochen lassen und mit einem Schneebesen glattrühren. Das wird die Kruste für die Pumpernudl. Die Reine zur Seite stellen und etwas abkühlen lassen. Teig in gleiche Stücke zerteilen (ca. 50 bis 80 g). Stücke auseinanderdrücken und Füllung in die Mitte der Nudel setzen. Nudel verschließen und wie einen kleinen Knödel formen. Nudeln dicht nebeneinander in die Reine setzen und noch mal ca. 30 Minuten gehen lassen. Die Nudeln bei 180 Grad im Ofen backen. Danach auf ein Blech stürzen.

Tipp: Dazu passen Birnenspalten im Weinsud und Vanillesoße.

Bereits im Societäts-Verlag erschienen:

Georg Ried

Unter der Bavaria

Musikgeschichten vom Münchner Oktoberfest

160 Seiten, Pappband
ISBN 978-3-7973-1234-1
24,90 €

Es ist das größte und bekannteste Volksfest der Welt, das Oktoberfest in München. Jedes Jahr, von Ende September bis Anfang Oktober, kommen Millionen Besucher auf die „Wiesn" unterhalb der Bavaria. Da wird getrunken, gegessen und natürlich zu den Klängen der Blasmusik gefeiert. Und das schon seit 200 Jahren.
Doch wie hat sich die Musik auf der Wiesn eigentlich entwickelt und welche Wiesn-Hits hat es in den vergangenen Jahrzehnten gegeben?
Was die vielen Musikanten im Laufe der Zeit als Stimmungsmacher in den großen Bierzelten erlebten und worauf sie sich jedes Jahr aufs Neue freuen, davon berichtet Georg Ried, Moderator beim Bayerischen Rundfunk, in diesem Buch: Von der Ammer Hühnerbraterei bis zum Winzer Fändl, von der Münchner Bierrevolution bis zum Fassanstich und vom Hochzeitsfest bis zum Wiesn-Hit. Zusammen mit außergewöhnlich lebendigen Fotografien beweist Georg Ried, dass die bayerische Gastfreundschaft das Oktoberfest zur Mutter aller Volksfeste macht.

Helmut Seebach,
Ingrid Liebschner
Historische Berufe in Bayern
Willi Albrechts Bildberichte aus der Nachkriegszeit
SOCIETÄTSVERLAG

VOLKMAR STEININGER
Die Bayerische Elsässerin
SOCIETÄTSVERLAG
EIN ROMAN AUS DEM BAYERISCHEN WALD

Volkmar Steininger

Die Bayerische Elsässerin

Ein Roman aus dem Bayerischen Wald

160 Seiten, gebunden mit Schutzumschlag
ISBN 978-3-7973-1239-6
14,80 €

Bayerischer Wald, 1923: Die 18-jährige Vollwaise Monique siedelt als vertriebene Elsässerin zu ihren einzig noch lebenden Verwandten in den Bayerischen Wald über. Feindlich fällt der Empfang der Tante aus – eine Fremde auf dem Mayerhof durchfüttern zu müssen, ist in den kargen Nachkriegszeiten ein schweres Los.
Spärlich wie eine gewöhnliche Magd untergebracht, lernt Monique schnell das arbeitsreiche und harte Leben auf dem Land kennen. Doch nicht nur die offene Rivalität und Feindschaft der Tante erschweren das Leben der Elsässerin. Als ausgerechnet Fritz Schwaiger, Sohn eines reichen Sägewerkbesitzers, ihr seine Liebe gesteht, bestimmen fortan Neid, Missgunst und Intrigen der Viechtacher Bevölkerung Moniques Leben.
Gegen alle Hindernisse kämpfen die beiden jungen Leute für ihr Glück, doch ihre Liebe wird auf eine harte Probe gestellt.

Vor der historischen Kulisse Viechtachs im Bayerischen Wald erzählt Volkmar Steininger die spannende Geschichte einer romantischen Liebe zu Beginn der zwanziger Jahre des vorigen Jahrhunderts.

Fürth
Lauf
Wurmrausch
Nürnberg
Schwabach
Neumarkt i.d.Opf.
Ansbach
Roth
Main-Donau-Kanal
Frankenhöhe
Fränkische Alb
Ameisenbrücke
Aha
Altmühl
Osterdorf
Treuchtlingen
Speckbrodi
Möhren
BADEN-WÜRTTEMBERG
BAYERN
Nördlingen
Ingolstadt
Donauwörth
Donau
Unsernherrn
Donaumoos
Dillingen a.d. Donau
Donauried
Schrobenhausen
Motzenhofen
Pfaffenhofen
Günzburg
Augsburg
Aichach
Schlipps
Streitheim
Neu-Ulm
Bieselbach
Vogelsang
Heimat
Sixtnitgern
Amper
Dachau
Königsbrunn
Alpenvorland
Fürstenfeldbruck
Spitzispui
Katzenhirn
Landsberg
Rausch
Starnberg
Memmingen
Ammersee
Wertach
Lech
Isar
Lachen
Bierdorf
Wartaweil
Kaufbeuren
Geretsried
Ampo
Schlitten
Schongau
Weilheim
Wiesen
Schreiloch
Heiland
Sulz
Starnberger See
Bad Tölz
Kempten
Bethlehem
Ruhe
Murnau
Allgäu
Freßlesreute
Ostern
Goldhasen
Walchensee
Lindau
Hahnschenkel
Immenstadt
Füssen
Garmisch-Partenkirchen
Sonthofen
Bayerische Alpen
Allgäuer Alpen
Oberstdorf